全国高等职业院校会计专业教材

出纳业务操作

朱玉良　主编

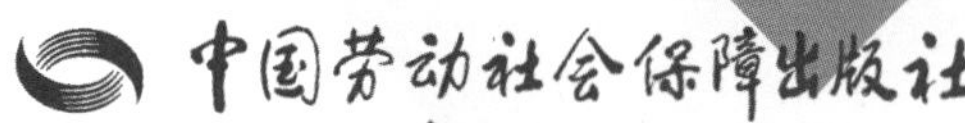

简　　介

本书紧扣职业教育的特点和要求，结合高等职业院校会计专业的教学实际进行编写，对出纳岗位的各项业务进行了较全面的介绍，主要内容包括认识出纳岗位、现金业务处理、银行结算业务处理、建账与登账、月末业务处理和其他业务处理。本书内容选取以“适度够用”为原则，力求实用，突出技能培养，语言简洁明了，文字通俗易懂，具有较强的针对性。本书配有电子课件，可通过技工教育网（http://jg.class.com.cn）下载。

本书由朱玉良任主编，崔晓鸽、潘晓静任副主编，纪丹艺、扈晓平参加编写，曾奇娜任主审。

图书在版编目(CIP)数据

出纳业务操作/朱玉良主编. --北京：中国劳动社会保障出版社，2022
全国高等职业院校会计专业教材
ISBN 978-7-5167-5440-5

Ⅰ.①出…　Ⅱ.①朱…　Ⅲ.①出纳-高等职业教育-教材　Ⅳ.①F231.7

中国版本图书馆 CIP 数据核字(2022)第 153988 号

中国劳动社会保障出版社出版发行
（北京市惠新东街 1 号　邮政编码：100029）
*
北京市白帆印务有限公司印刷装订　　新华书店经销
787 毫米×1092 毫米　16 开本　10 印张　188 千字
2022 年 10 月第 1 版　　2025 年 2 月第 2 次印刷
定价：26.00 元

营销中心电话：400-606-6496
出版社网址：http://www.class.com.cn
http://jg.class.com.cn

前言

近年来，随着我国经济和社会发展，会计准则及相关法规发生了一定的调整和变化，社会对会计人员的知识水平和职业能力水平提出了更高的要求。为适应这些变化，培养更加符合市场需求的会计人才，我们组织了一批教学经验丰富、实践能力强的一线教师和行业、企业专家，基于会计、出纳、审计等工作岗位的要求，在充分调研的基础上，编写了这套全国高等职业院校会计专业教材。

本套教材主要有以下几个特点：

第一，理实结合，先进实用。教材本着学以致用的原则，紧贴会计专业最新的培养目标和教学实际，并参考会计、审计等相关职业资格的要求安排教材的结构和内容，将理论知识与操作技能有机融合，突出对学生实际操作能力的培养，使教材具有较强的实用性、针对性和先进性。部分教材采取了任务驱动的编写思路，按照以能力培养为主线、相关知识为支撑的模式安排教学内容，做到“理论学习有载体，技能训练有实体”。

第二，表现力丰富。本套教材设置了“案例解析”“知识窗”等栏目，增加教材的趣味性和可读性，激发学生的学习兴趣。同时，尽可能多地以图表代替冗长的文字叙述，使教材更加生动直观，易于学习。在版式设计上，本套教材采用双色排版，使教材中的单据、凭证与会计工作实务保持一致，便于开展教学。

第三，配套资源完善。本套教材同步开发了配套的电子课件及习题册，电子课件及习题册答案可登录技工教育网（http://jg.class.com.cn）搜索下载。部分教材针对教学重点和难点制作了演示视频等多媒体素材，学生扫描二维码即可在线观看或收听相应内容。

本套教材的编写得到了有关省市人力资源社会保障部门及一批高等职业院校的大力支持，教材的编审人员做了大量的工作，在此，我们表示衷心的感谢！同时，恳切希望广大读者对教材提出宝贵的意见和建议。

人力资源社会保障部教材办公室

目录

项目一
认识出纳岗位

学习目标

知识目标

1. 掌握出纳的工作内容、素质要求及内部控制制度等相关理论知识。
2. 掌握人民币的基本知识，以及兑换、保管和使用规定。

能力目标

1. 能鉴别人民币的真伪，发现假币后会处理。
2. 能规范书写财务数字和财务日期。

思维导图

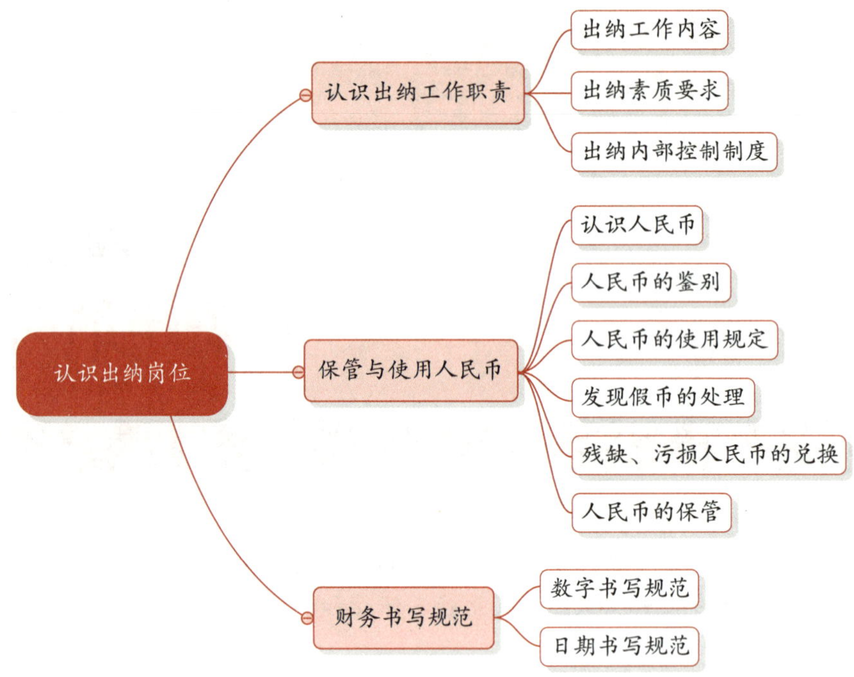
认识出纳岗位
认识出纳工作职责
出纳工作内容
出纳素质要求
出纳内部控制制度
保管与使用人民币
认识人民币
人民币的鉴别
人民币的使用规定
发现假币的处理
残缺、污损人民币的兑换
人民币的保管
财务书写规范
数字书写规范
日期书写规范

任务一　认识出纳工作职责

【情境导入】

钱小多是会计专业毕业生，面试合格后被正式聘任为北京科迪商贸有限公司的出纳。入职前两天，钱小多接受出纳岗位的岗前培训，开启实战第一步。

出即支出，纳即收入。出纳是按照有关规定和制度办理本单位的现金收付、银行结算及有关账务，保管库存现金、有价证券、财务印章及有关票据等工作的总称。

一、出纳工作内容

1. 出纳工作职责

（1）货币资金的收支、核算、监管。

（2）办理现金支付和银行结算业务。

（3）管理库存现金和银行账户。

（4）保证现金和有价证券的安全完整。

（5）保管有关印章、空白票据。

2. 出纳工作日程

出纳应养成良好的工作习惯，做好每天的工作计划。出纳每天日常工作如下：

（1）上班后应第一时间检查保险柜里的现金、有价证券及其他贵重物品是否完好无损。

（2）对一天的工作做出安排，必要时向有关领导和会计主管请示资金安排计划。

（3）如果库存资金不足，先到银行提取现金。

（4）按规定办理各项收付款业务。

（5）根据审核无误的收付款凭证或原始凭证登记现金日记账和银行存款日记账。

（6）每天下班前要清点现金，将现金实有数与现金日记账进行核对。

（7）每天下班前要整理办公用品，确保没有遗漏资料，检查抽屉和保险柜是否锁好。

（8）在银行下班前送存超额现金。

（9）因特殊情况造成当天工作未能完成的，则第二日优先办理。

（10）每月或定期对其保管的支票、发票、有价证券等重要结算凭证进行清点核对。

（11）根据单位需要定期核对日记账，报送出纳表或报告。

二、出纳素质要求

出纳直接掌管着本单位的货币资金，既要有丰富的专业知识，又要具备熟练高超的

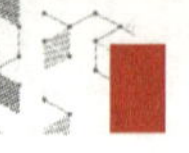

业务技能和严谨细致的工作作风，一名合格的出纳应具备以下一些具体的素质。

1. 要有良好的职业道德

爱岗敬业：爱岗敬业是会计职业道德的基础，出纳应该热爱本职岗位，努力钻研业务，勤学多练，使自己的知识和技能适应本职工作。

廉洁自律：由于岗位的特殊性，出纳有很多挪用公款或占为己有的便利条件和机会，出纳应树立正确的人生观和价值观，遵纪守法、公私分明，保持廉洁自律的优秀品质。

客观公正：出纳在工作过程中，必须保持客观公正的态度，严格按照法规、制度办事，保证会计信息合法、真实、准确。

强化服务：出纳要树立良好的服务意识，对每一位办理业务的人员都要做到热情、耐心、周到。

保守秘密：出纳应当保守本单位的财务机密，不得私自向外界提供或泄露本单位的会计信息。

2. 要求有较强的政策水平

出纳要做好工作，必须加强学习，了解、熟悉和掌握国家最新的会计、财税、金融法规和各项会计制度，不断提高自己的政策水平，才能做到遵守财经纪律，执行财务制度。

3. 要有熟练的专业技能

出纳每天会处理很多费用报销、票据签发和现金收付等业务事项，必须具备较强的业务技能，要熟练使用计算器、计算机、点钞机、收银机等必备工具，能熟练掌握签发票据、办理结算、报销费用等业务处理流程与要求。另外，出纳书写汉字和阿拉伯数字要做到规范、清晰、工整。

出纳除了具备以上素质外，还要有良好的人际交往能力和较强的办事能力，能很好地与单位其他部门、人员，以及银行、税务等部门打交道。

三、出纳内部控制制度

出纳内部控制制度通过一系列的保障制度和措施，保证财务活动有效进行，保障资金的安全与完整，最大限度降低资金风险。出纳岗位管理着单位的货币资金，内部控制制度应落实到出纳岗位的每一个工作环节。出纳应第一时间对单据、凭证等做详细审核，确认后方可进入审批流程。收付款凭证必须是及时有效的，先审批后办理，发生的业务要逐日逐笔登记，做到日清月结，杜绝白条抵库现象，任何人不得以任何理由扣留单据，更不能隐瞒收入票据。出纳要按照规定，及时办理每一项收付款业务，要具有高度的安全意识，防止资金在转移过程中失窃或丢失。

为更好地履行出纳内部控制制度，出纳不得监管会计稽核、会计档案以及收入、支

出、费用、债权、债务等账目的登记工作。

支票与预留银行印鉴不能由一人保管，支票签发与支票审核不得由同一人办理。

单位财务专用章和法定代表人印章不得由同一人保管，不得由同一部门或同一个人办理合同业务的全过程。

货币资金的会计记录与审核监督职务分离。

任务二　保管与使用人民币

【情境导入】

销售人员张强到财务部门报销差旅费，当他清点现金时，抽出了一张面值 50 元的货币，向出纳请教辨别真伪的方法。

一、认识人民币

中华人民共和国自 1948 年 12 月 1 日开始发行第一套人民币以来，已发行五套人民币。第五套人民币从 1999 年 10 月 1 日起陆续发行，共有 100 元、50 元、20 元、10 元、5 元、1 元纸币和 1 元、5 角、1 角硬币。2005 年、2015 年、2019 年，国家对第五套人民币的生产工艺、技术进行了改进和提高，因此现行第五套人民币有 1999 年版、2005 年版、2015 年版和 2019 年版。

第五套人民币各面额正面均采用开国领袖毛泽东同志新中国成立初期的头像，底衬采用了我国著名花卉图案，背面主景图案分别选用了人民大会堂、布达拉宫、桂林山水、长江三峡、泰山、杭州西湖，以充分表现我们伟大祖国悠久的历史和壮丽的山河，弘扬伟大的民族文化。

二、人民币的鉴别

人民币的鉴别可以简单概括为“一转二摸三透光”。“一转”是指转动钞票并同时观察票面中间面额数字，应变色；“二摸”是指用手指触摸票面正面人物头像、国徽、“中国人民银行”行名、装饰团花，右上角面额数字、盲文面额标记及背面主景图案（1 元背面除外）等处，应有明显的凹凸感；“三透光”是指透光观察水印应清晰，对印图案应精准重合。

1. 2015 年版第五套人民币 100 元纸币图样及主要防伪特征

2015 年版第五套人民币 100 元纸币图样及主要防伪特征如图 1-2-1 和图 1-2-2 所示。

图 1-2-1　2015 年版第五套人民币 100 元纸币正面

图 1-2-2　2015 年版第五套人民币 100 元纸币背面

（1）光彩光变面额数字。位于票面正面中部。改变钞票观察角度，面额数字“100”的颜色在金色和绿色之间变化，并可见一条亮光带上下滚动。

（2）光变镂空开窗安全线。位于票面正面右侧。改变钞票观察角度，安全线颜色在红色和绿色之间变化。透光观察，可见“￥100”字样。

（3）雕刻凹印。票面正面人物头像、国徽、“中国人民银行”行名、装饰团花、右上角面额数字、盲文面额标记及背面主景图案等均采用雕刻凹版印刷，触摸有凹凸感。

（4）人像水印。位于票面正面左侧。透光观察，可见人物头像水印。

（5）白水印。位于票面正面左侧下方。透光观察，可见面额数字“100”。

（6）胶印对印图案。票面正面左下角和背面右下角均有面额数字“100”的局部图案。透光观察，正背面图案组成一个完整的面额数字“100”。

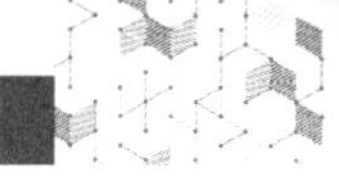

2. 2019 年版第五套人民币 50 元纸币图样及主要防伪特征

2019 年版第五套人民币 50 元纸币图样及主要防伪特征如图 1-2-3 和图 1-2-4 所示。

图 1-2-3　2019 年版第五套人民币 50 元纸币正面

图 1-2-4　2019 年版第五套人民币 50 元纸币背面

（1）光彩光变面额数字。位于票面正面中部。改变钞票观察角度，面额数字“50”的颜色在绿色和蓝色之间变化，并可见一条亮光带上下滚动。

（2）动感光变镂空开窗安全线。位于票面正面右侧。改变钞票观察角度，安全线颜色在红色和绿色之间变化，亮光带上下滚动。透光观察，可见“￥50”字样。

（3）雕刻凹印。票面正面人物头像、国徽、“中国人民银行”行名、装饰团花、右上角面额数字、盲文面额标记及背面主景图案等均采用雕刻凹版印刷，触摸有凹凸感。

（4）人像水印。位于票面正面左侧。透光观察，可见人物头像水印。

（5）白水印。位于票面正面左侧下方。透光观察，可见面额数字“50”。

（6）胶印对印图案。票面正面左下角和背面右下角均有面额数字“50”的局部图案。透光观察，正背面图案组成一个完整的面额数字“50”。

3. 2019 年版第五套人民币 20 元纸币图样及主要防伪特征

2019 年版第五套人民币 20 元纸币图样及主要防伪特征如图 1-2-5 和图 1-2-6 所示。

图 1-2-5　2019 年版第五套人民币 20 元纸币正面

图 1-2-6　2019 年版第五套人民币 20 元纸币背面

（1）光彩光变面额数字。位于票面正面中部。改变钞票观察角度，面额数字“20”的颜色在金色和绿色之间变化，并可见一条亮光带上下滚动。

（2）光变镂空开窗安全线。位于票面正面右侧。改变钞票观察角度，安全线颜色在红色和绿色之间变化。透光观察，可见“￥20”字样。

（3）雕刻凹印。票面正面人物头像、国徽、“中国人民银行”行名、装饰团花、右上角面额数字、盲文面额标记及背面主景图案等均采用雕刻凹版印刷，触摸有凹凸感。

（4）花卉水印。位于票面正面左侧。透光观察，可见花卉图案水印。

（5）白水印。位于票面正面左侧下方。透光观察，可见面额数字“20”。

（6）胶印对印图案。票面正面左下角和背面右下角均有面额数字“20”的局部图案。透光观察，正背面图案组成一个完整的面额数字“20”。

三、人民币的使用规定

1. 中华人民共和国的法定货币是人民币。以人民币支付中华人民共和国境内一切公共的和私人的债务，任何单位和个人不得拒收。

2. 人民币的单位为元，人民币辅币单位为角、分。

3. 任何单位和个人都应当爱护人民币。禁止损害人民币和妨碍人民币流通。

办理人民币存取款业务的金融机构应当按照中国人民银行的规定，无偿为公众兑换残缺、污损的人民币，并将其交存当地中国人民银行。中国人民银行不得将残缺、污损的人民币支付给金融机构，金融机构不得将残缺、污损的人民币对外支付。

禁止下列损害人民币的行为：

（1）故意毁损人民币。

（2）制作、仿制、买卖人民币图样。

（3）未经中国人民银行批准，在宣传品、出版物或者其他商品上使用人民币图样。

（4）中国人民银行规定的其他损害人民币的行为。

四、发现假币的处理

假币是指以非法手段仿照真币的形象，采用印制、复印、拓印、描绘以及挖补、剪切、拼凑等方式加工制作的票币。

为维护人民币不受侵犯，《中华人民共和国中国人民银行法》第十八条规定：人民币由中国人民银行统一印制、发行。《中华人民共和国人民币管理条例》第三十一条规定：禁止伪造、变造人民币；禁止出售、购买伪造、变造的人民币；禁止走私、运输、持有、使用伪造、变造的人民币。《中华人民共和国人民币管理条例》第三十二条规定：单位和个人持有伪造、变造的人民币的，应当及时上交中国人民银行、公安机关或者办理人民币存取款业务的金融机构；发现他人持有伪造、变造的人民币的，应当立即向公安机关报告。

五、残缺、污损人民币的兑换

残缺、污损人民币是指票面撕裂、损缺，或因自然磨损、侵蚀，外观、质地受损，颜色变化，图案不清晰，防伪特征受损，不宜再继续流通使用的人民币。

中国人民银行公布的《中国人民银行残缺污损人民币兑换办法》规定：凡办理人民币存取款业务的金融机构应无偿为公众兑换残缺、污损人民币，不得拒绝兑换。

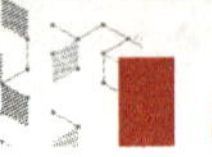

残缺、污损人民币的兑换分全额兑换和半额兑换两种情况。

1. 全额兑换

能辨别面额，票面剩余四分之三（含）以上，其图案、文字能按原样连接的残缺、污损人民币，金融机构应向持有人按原面额全额兑换。

2. 半额兑换

（1）能辨别面额，票面剩余二分之一（含）至四分之三以下，其图案、文字能按原样连接的残缺、污损人民币，金融机构应向持有人按原面额的一半兑换。

（2）纸币呈正十字形缺少四分之一的，按原面额的一半兑换。

六、人民币的保管

现金是流动性最强的资产，无须变现即可直接使用。因此，各单位应根据《现金管理暂行条例》建立健全现金保管制度，防止由于制度不严、工作疏忽而给单位造成不必要的损失，现金保管制度一般应包括以下几点：

1. 库存现金包括纸币和铸币，应实行分类保管。出纳对库存票币分别按照纸币的票面金额和铸币的币面金额，以及整数（大数）和零数（小数）分类保管。

2. 除工作时间需要的小量备用金可放在出纳的抽屉内外，限额内的库存现金当日核对清楚后，一律放在出纳专用的保险柜内，不得随意存放。

3. 超过库存限额的现金应在下班前送存银行，库存现金低于限额时，出纳可以当天签发现金支票从银行提取现金补足限额。

4. 出纳每天下班前要进行现金盘点，并与现金日记账核对，根据单位需要编制现金日报表。

5. 单位的库存现金不准以个人名义存入银行，防止有关人员利用公款私存取得利息收入，防止单位利用公款私存形成账外小金库。银行一旦发现公款私存，可以对单位处以罚款，情节严重的，可以冻结单位的现金支付。

任务三 财务书写规范

【情境导入】

王出纳给钱小多几张凭证和报表，要求规范地填写表中的一些数字和日期。

各种票据、各类凭证、各种账簿在填制时都会使用财务数字，财务数字的书写具有一定的规范性和特殊性。

由于持续经营和会计分期的基本假设，会计行业对于日期的书写有明确的要求，支

付结算票据上的出票日期具有法律效力，不得涂改，否则票据无效。

一、数字书写规范

1. 大写数字的书写规范

（1）数字 0 到 10 的中文大写依次为零、壹、贰、叁、肆、伍、陆、柒、捌、玖、拾。

（2）中文大写金额前应标明“人民币”字样，大写金额应紧挨“人民币”字样填写，不得留空白。常用的数量和金额单位有佰、仟、万、亿、元、角、分。

（3）金额到“元”为止的，“元”后面必写“整”或“正”；金额到“角”为止的，“角”后面的“整”或“正”可写可不写，但不得写“零分”；金额到“分”为止的，“分”后面不得写“整”或“正”。

小提示

“零”不能写成“另”，“壹”上面的“士”不能写成“土”，“叁”不能写成“参”，“柒”不能跟汉字“染”混淆；数量单位中，“佰”不能写成“百”；“仟”不能写成“千”；金额单位中，“角”不能写成口语中的“毛”；不能自造简化字，如“贰拾”不能写成“廿”，“叁拾”不能写成“卅”，要按照规范书写。

2. 小写数字的书写规范

小写数字的书写位置应该位于格式框下部，左右居中。书写高度一般要求占全框的二分之一左右，最下端一般位于格式框最低线上。数字应该向右倾斜，与水平面夹角约 60°，书写的时候要注意比例。字迹要各自成形，不得连写，以免分辨不清。

3. 财务数字中“零”的书写

（1）阿拉伯数字中间有“0”时，中文大写金额要写“零”字。

例如：“￥3 105. 90”应写为“人民币叁仟壹佰零伍元玖角整（正）”。

（2）阿拉伯数字中间连续有几个“0”时，中文大写金额中间可以只写一个“零”字。

例如：“￥7 006. 21”应写为“人民币柒仟零陆元贰角壹分”。

（3）阿拉伯数字万位或元位是“0”，或者数字中间连续有几个“0”，万位、元位也是“0”，但千位、角位不是“0”时，中文大写金额中可以只写一个“零”字，也可以不写“零”字。

例如：“￥107 000. 53”可以写为“人民币壹拾万柒仟元零伍角叁分”，也可以写成

"人民币壹拾万零柒仟元伍角叁分"，也可以写成"人民币壹拾万柒仟元伍角叁分"。

（4）阿拉伯金额数字角位是"0"，而分位不是"0"时，中文大写金额"元"后面应写"零"字。

例如："￥25 304. 02"应写为"人民币贰万伍仟叁佰零肆元零贰分"。

二、日期书写规范

1. 大写日期的书写

（1）年份的书写

日期由年、月、日组成，年份应按照公历日期书写，按照中文大写数字和"年"字完整书写。

例如："2020年"不得写为"二零二零年"，正确的写法是"贰零贰零年"。

（2）月、日的书写

在填写月、日时，月为壹、贰和壹拾的，日为壹至玖和壹拾、贰拾和叁拾的，应在其前加"零"；特别要注意拾壹月、拾贰月前面要加"壹"；日为拾壹至拾玖的，应在其前加"壹"。

例如："1月15日"不得写为"壹月拾伍日"，正确的写法应该是"零壹月壹拾伍日"；"10月20日"不得写为"壹拾月贰拾日"，正确的写法是"零壹拾月零贰拾日"；"12月1日"不得写为"拾贰月零壹日"，正确的写法应该是"壹拾贰月零壹日"。

现金支票大写日期的书写如图1-3-1所示。

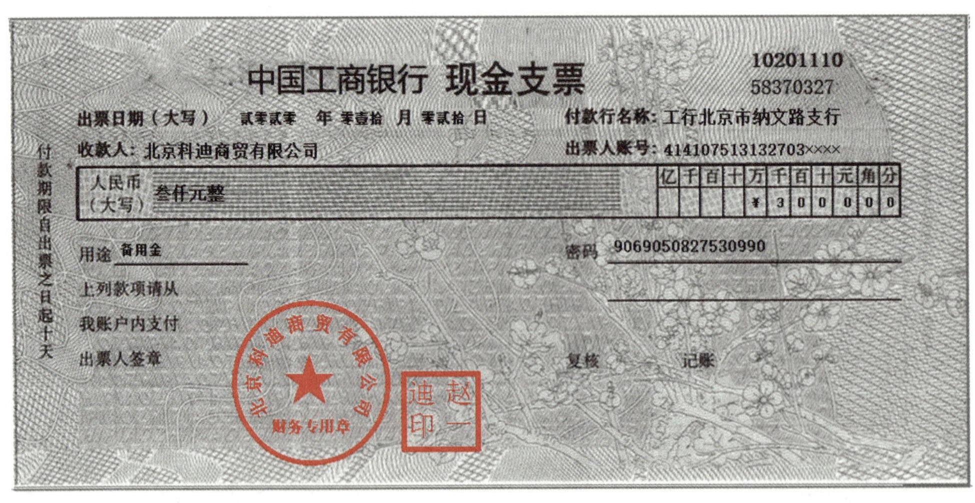
中国工商银行 现金支票

10201110
58370327

出票日期（大写） 贰零贰零 年 零壹拾 月 零贰拾 日　付款行名称：工行北京市纳文路支行

收款人：北京科迪商贸有限公司　出票人账号：414107513132703××××

人民币（大写）	叁仟元整	亿	千	百	十	万	千	百	十	元	角	分
						¥	3	0	0	0	0	0

用途 备用金　密码 9069050827530990

上列款项请从

我账户内支付

出票人签章　复核　记账

付款期限自出票之日起十天

北京科迪商贸有限公司 财务专用章

赵一 印迪

图1-3-1　现金支票大写日期的书写

在实际工作中，为防止变造票据的出票日期，出纳书写现金支票的出票日期、银行

承兑汇票的出票日期等支付结算类票据的日期时，都要按照大写日期的书写规范进行书写。

小提示

虽然《支付结算办法》对1月份、2月份和10月份的写法作出了明确规定，但是在实际工作中，财务人员已经习惯于在1到9的数字前面加上“零”，比如将5月写成“零伍”月。这种相当于约定俗成的写法我们一般在实际工作中也是认可的。

2. 小写日期的书写

（1）年份的书写

年份应按照公历日期填写，按照阿拉伯数字和中文“年”字完整书写。

例如：“2020年”平时可简写为“20年”，但是财务数字中，应该写为“2020年”。

（2）月、日的书写

月和日为1至9的，应该在月和日的数字前面加“0”。

例如：“3月”平时会写为“3月”，财务数字中正确的写法应该是“03月”。

在实际工作中，支票的存根联日期、费用报销单的日期以及出纳开具的收据日期，都要使用阿拉伯数字小写规范进行书写。

费用报销单小写日期的书写如图1-3-2所示。

费用报销单

报销部门：行政部　　2020 年 03 月 05 日填　　单据及附件共 1 页

用途	金额（元）				
固定电话费	600.33	备注	现金付讫		
		部门审核	李飞 2020.03.05	领导审批	赵一迪 2020.03.05
合计	¥600.33				
金额大写：零拾零万零仟陆佰零拾零元叁角叁分		原借款： 元		应退余款：¥600.33 元	

会计主管 杨秀　会计 孙媚　出纳 钱小多　报销人 张兰　领款人 张兰

图1-3-2　费用报销单小写日期的书写

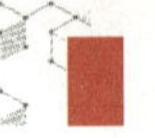

思考与练习

1. 某日，出纳上班第一时间没有检查保险柜里的现金、有价证券以及其他贵重物品，下班前也没有清点现金。出纳的做法对吗？为什么？

2. 会计主管将空白支票和印章都交由出纳保管，出纳应该怎么做？

3. 出纳在银行存取人民币时发现假币，应该怎么做？

4. 某日，出纳收到一张转账支票，支票日期写作贰零壹贰年壹月贰拾日，小写金额为￥3 058.83，大写金额写作叁千伍拾捌元捌角叁分整，这张转账支票日期和金额写法对吗？如果不对，应该怎样写？

项目二
现金业务处理

学习目标

知识目标

1. 领会现金管理的基本内容和相关规定。
2. 了解办理现金各种收付业务的规定和注意事项。

能力目标

1. 能掌握填制支票、现金缴款单、收据等原始单据的方法。
2. 能审核借款单、报销单等各种票据。
3. 能独立办理与现金相关的业务事项。

思维导图

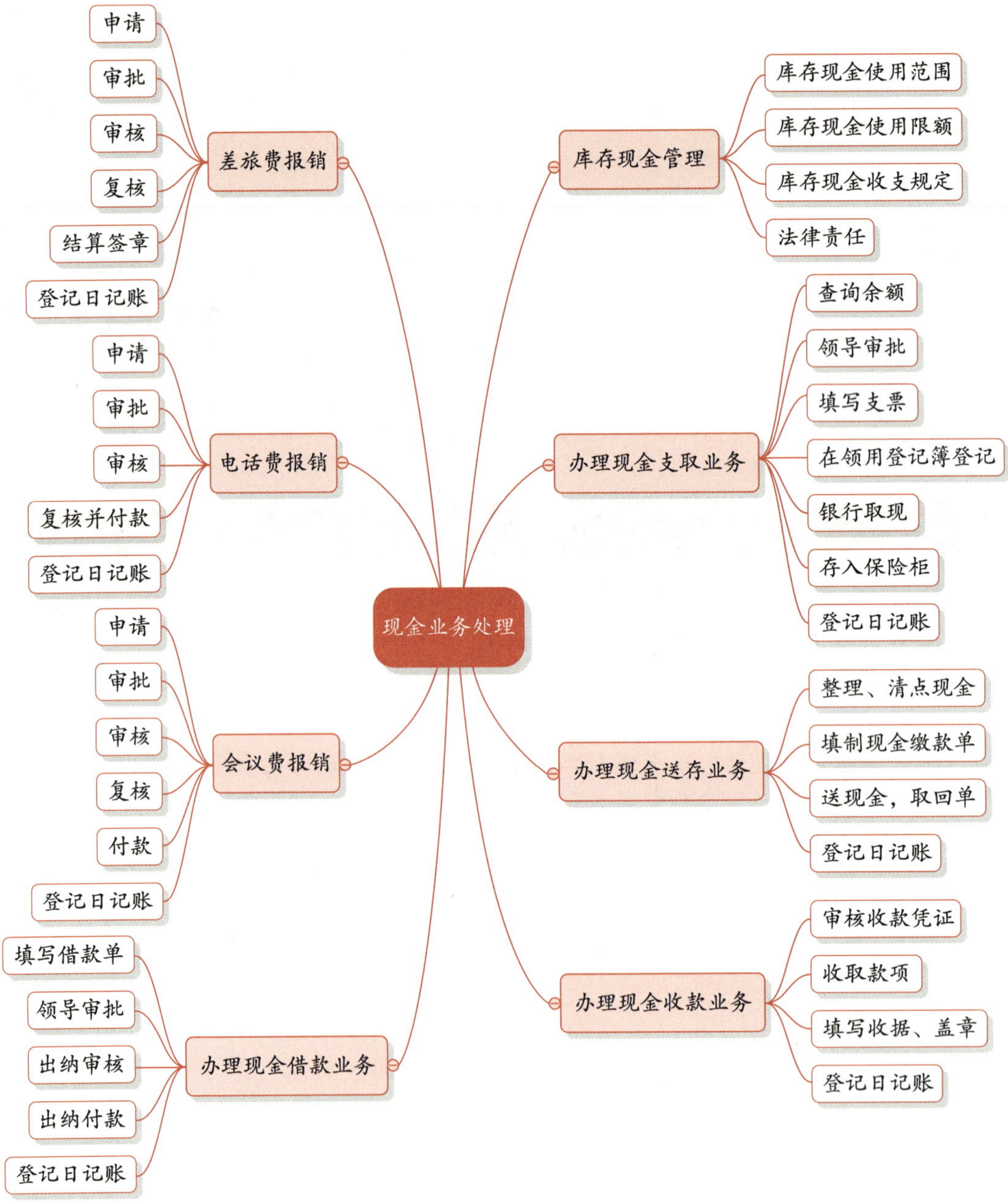

现金业务处理

- 差旅费报销
  - 申请
  - 审批
  - 审核
  - 复核
  - 结算签章
  - 登记日记账
- 电话费报销
  - 申请
  - 审批
  - 审核
  - 复核并付款
  - 登记日记账
- 会议费报销
  - 申请
  - 审批
  - 审核
  - 复核
  - 付款
  - 登记日记账
- 办理现金借款业务
  - 填写借款单
  - 领导审批
  - 出纳审核
  - 出纳付款
  - 登记日记账
- 库存现金管理
  - 库存现金使用范围
  - 库存现金使用限额
  - 库存现金收支规定
  - 法律责任
- 办理现金支取业务
  - 查询余额
  - 领导审批
  - 填写支票
  - 在领用登记簿登记
  - 银行取现
  - 存入保险柜
  - 登记日记账
- 办理现金送存业务
  - 整理、清点现金
  - 填制现金缴款单
  - 送现金，取回单
  - 登记日记账
- 办理现金收款业务
  - 审核收款凭证
  - 收取款项
  - 填写收据、盖章
  - 登记日记账

任务一 库存现金管理

【情境导入】

采购员赵刚拿着领导审批的付款申请单到财务部申请支付货款，出纳复核后开具转账支票。

现金又称库存现金，是指由出纳保管存放在单位保险柜的用于日常零星开支的库存现款。广义的现金还包括银行存款和其他符合现金定义的票证。本项目提到的现金仅指库存现金。

一、库存现金使用范围

开户单位可以在下列范围内使用现金：

1. 职工工资、津贴。
2. 个人劳务报酬。
3. 根据国家规定颁发给个人的科学技术、文化艺术、体育等各种奖金。
4. 各种劳保、福利费用，以及国家规定的对个人的其他支出。
5. 向个人收购农副产品和其他物资的价款。
6. 出差人员必须随身携带的差旅费。
7. 结算起点以下的零星支出。
8. 中国人民银行确定需要支付现金的其他支出。

现时结算起点定为 1 000 元。结算起点的调整由中国人民银行确定，报国务院备案。

除第 5、第 6 项外，开户单位支付给个人的款项，超过使用现金限额的部分，应当以支票或者银行本票支付；确需全额支付现金的，经开户银行审核后，予以支付现金。

二、库存现金使用限额

库存现金限额是指为了保证单位日常零星开支的需要，允许单位留存现金的最高限额。开户银行应当根据实际需要，核定开户单位 3 天至 5 天的日常零星开支所需的库存现金限额。

边远地区和交通不便地区的开户单位的库存现金限额，可以多于 5 天，但不得超过 15 天的日常零星开支。

开户单位必须严格遵守经核定的库存现金限额。需要增加或者减少库存现金限额时，

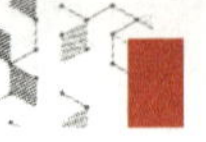

单位应当向开户银行提出申请，由开户银行核定。

三、库存现金收支规定

1. 开户单位现金收入应当于当日送存开户银行。当日送存确有困难的，由开户银行确定送存时间。

2. 不准未经批准坐支现金。开户单位支付现金，可以从本单位库存现金限额中支付或者从开户银行提取，不得从本单位的现金收入中直接支付（坐支）。因特殊情况需要坐支现金的，应当事先报经开户银行审查批准，由开户银行核定坐支范围和限额。坐支单位应当定期向开户银行报送坐支金额和使用情况。

3. 不准套取现金。单位从开户银行提取现金，应当写明用途，由本单位财务部门负责人签字盖章，经开户银行审核后，予以支付现金。

4. 特殊情况使用现金。因采购地点不固定、交通不便、生产或者市场急需、抢险救灾以及其他特殊情况必须使用现金的，开户单位应当向开户银行提出申请，由本单位财务部门负责人签字盖章，经开户银行审核后，予以支付现金。

四、法律责任

1. 开户单位应当依照中国人民银行的规定使用现金，超出规定范围、限额使用现金的，开户银行责令其停止违规行为，并可根据情节轻重处以罚款。

2. 开户单位有下列情形之一的，开户银行应当依照中国人民银行的规定，予以警告或者罚款；情节严重的，可在一定期限内停止对该单位的贷款或者停止对该单位的现金支付：

（1）对现金结算给予比转账结算优惠待遇的。

（2）拒收支票、银行汇票和银行本票的。

（3）不采取转账结算方式购置国家规定的专项控制商品的。

（4）用不符合财务会计制度规定的凭证顶替库存现金的。

（5）用转账凭证套换现金的。

（6）编造用途套取现金的。

（7）互相借用现金的。

（8）利用账户替其他单位和个人套取现金的。

（9）将单位的现金收入按个人储蓄方式存入银行的。

（10）保留账外公款的。

任务二　办理现金支取业务

【情境导入】

公司备用金不足，出纳需到银行提取现金 5 000 元。

现金支取流程如图 2-2-1 所示。

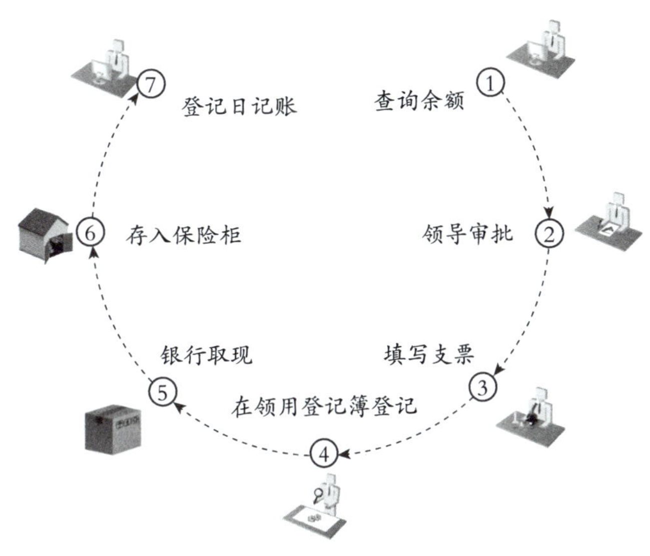

图 2-2-1　现金支取流程

一、查询余额

用支票取现时，应先查询银行账户余额，确定银行存款余额大于要取现的金额，避免签发空头支票，开具空头支票不仅取不到现金，还会被罚款。

二、领导审批

企业需要提取现金时，一般先要请示单位的财务主管，如果支取大额现金，还需要经过单位领导审批。本任务中，出纳请示后，主管同意支取现金 5 000 元留作备用。

三、填写支票

支票包括正联和存根联，如图 2-2-2 所示，左边大概占四分之一区域的是存根联，是留存企业编制记账凭证的，右边区域是支票正联，出纳拿着正联去银行取现。

填写支票必须使用碳素墨水或墨汁。一般而言，支票由出纳填写“出票日期”“收款人”“用途”和“金额”等要素，由会计机构负责人审核并加盖预留银行印章。

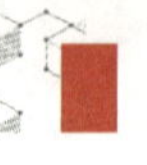

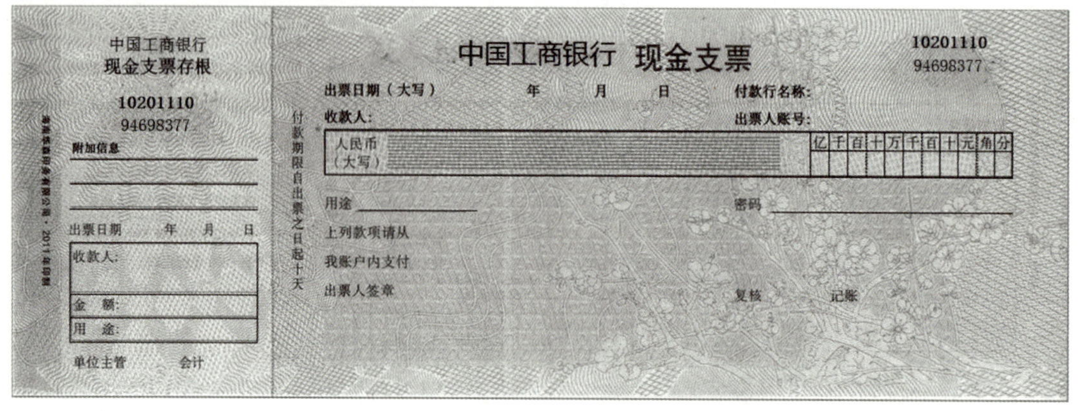

中国工商银行
现金支票存根
10201110
94698377
附加信息

出票日期　年　月　日
收款人:
金　额:
用　途:
单位主管　会计

付款期限自出票之日起十天

中国工商银行　现金支票　10201110 94698377
出票日期（大写）　年　月　日　付款行名称:
收款人:　出票人账号:

人民币（大写）	亿	千	百	十	万	千	百	十	元	角	分

用途　密码
上列款项请从
我账户内支付
出票人签章　复核　记账

图 2-2-2　中国工商银行现金支票

支票填写注意事项

1. 支票正联的日期必须使用中文大写，签发日期应填写实际出票日期。在填写月、日时，月为“壹”“贰”和“壹拾”的，日为“壹”至“玖”和“壹拾”“贰拾”“叁拾”的，应在其前加“零”；日为“拾壹”至“拾玖”的，应在其前加“壹”。比如，“1 月 15 日”应写成“零壹月壹拾伍日”，“10 月 20 日”应写成“零壹拾月零贰十日”。存根联的日期小写即可。

2. 收款人名称填写应与预留印鉴名称保持一致。

3. 支票金额必须按规定填写，正联的大写金额必须顶格书写，小写金额用封位符“￥”封顶。金额如有错误，不能更改，应作废重填。存根联的金额使用小写就可以，但不要忘记小写金额的前面要加上封位符“￥”。当日取现金额最高不得超过 5 万元，如果需要提现更多资金，需提前向银行申请。

4. 支票的存根联和正联上应填写真实用途，不得弄虚作假。

5. 支票正联要加盖取款单位的财务专用章和法人章，签章必须与银行预留印鉴相符。

6. 支票背面要有取款单位或取款人背书。

本任务中，出纳根据要求，填写本次支取现金支票，如图 2-2-3 和图 2-2-4 所示。

四、在领用登记簿登记

支票填写完毕后，应在支票领用登记簿登记支票号码、签发日期、支票用途、金额、领用人和报销日期等信息，如图 2-2-5 所示。

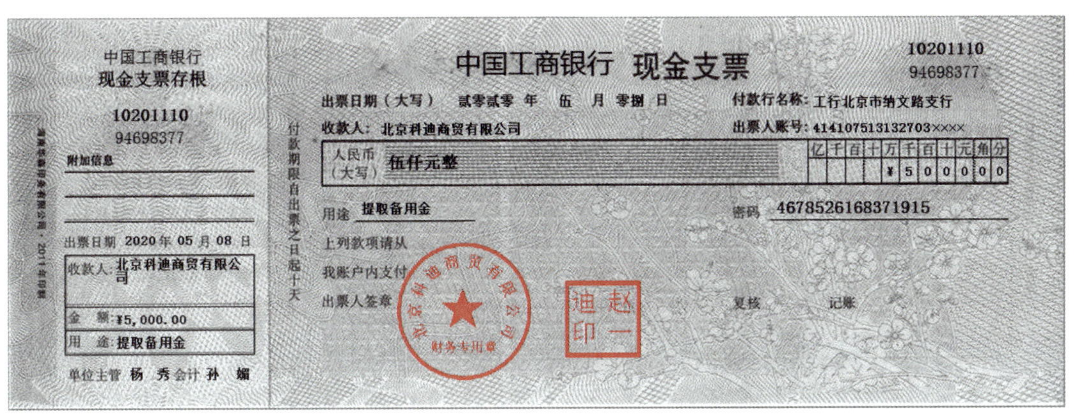

中国工商银行
现金支票存根
10201110
94698377
附加信息
出票日期 2020 年 05 月 08 日
收款人：北京科迪商贸有限公司
金　额：¥5,000.00
用　途：提取备用金
单位主管 杨　秀　会计 孙　媚

中国工商银行　现金支票　10201110　94698377
出票日期（大写）　贰零贰零 年　伍 月　零捌 日　　付款行名称：工行北京市纳文路支行
收款人：北京科迪商贸有限公司　　出票人账号：414107513132703××××
人民币（大写）　伍仟元整　　亿 千 百 十 万 千 百 十 元 角 分　¥ 5 0 0 0 0 0
付款期限自出票之日起十天
用途　提取备用金　　密码　4678526168371915
上列款项请从
我账户内支付
出票人签章　（北京科迪商贸有限公司 财务专用章）（赵迪一印）　　复核　　记账

图 2-2-3　中国工商银行支票正面

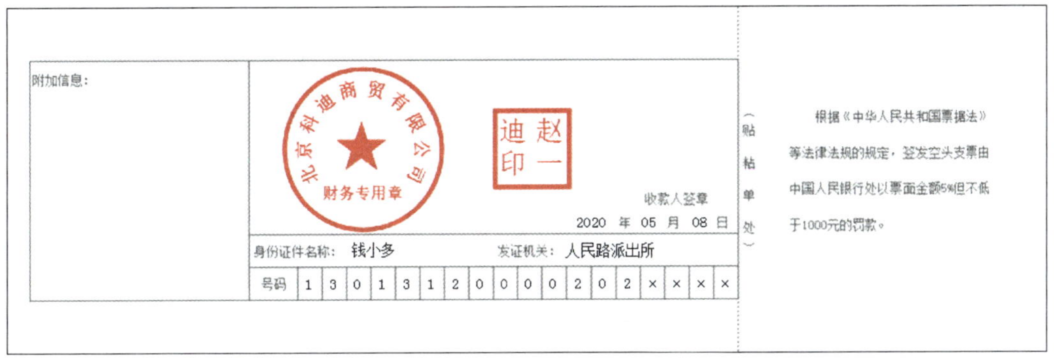

附加信息：

（北京科迪商贸有限公司 财务专用章）（赵迪一印）
收款人签章
2020 年 05 月 08 日
身份证件名称：钱小多　　发证机关：人民路派出所
号码 1 3 0 1 3 1 2 0 0 0 0 2 0 2 × × × ×

（贴粘单处）

根据《中华人民共和国票据法》等法律法规的规定，签发空头支票由中国人民银行处以票面金额5%但不低于1000元的罚款。

图 2-2-4　中国工商银行支票反面

支票领用登记簿

支票类别：现金支票　　　2020 年 05 月　　　银行账号：414107513132703××××

日期		支票号码	支票用途	金额										领用人	报销日期		备注
月	日			千	百	十	万	千	百	十	元	角	分		月	日	
05	08	94698377	提取备用金					5	0	0	0	0	0	钱小多			

图 2-2-5　在支票领用登记簿登记

五、银行取现

取款人持现金支票到开户银行，在会计窗口交现金支票，银行核对无误后付现金。取款人收取现金后，应根据取款数额认真清点，确认无误后才能离开柜台。

六、存入保险柜

取款人取回现金后，应及时将现金存入保险柜内。

七、登记日记账

出纳将现金支票存根联交给会计编制记账凭证，并根据审核无误的记账凭证登记库存现金和银行存款日记账。

小提示

空头支票是指签发支票的存款户的银行存款额或约定透支额不及支票所载的金额，而遭银行退票的支票。根据《中华人民共和国票据法》等法律法规的规定，签发空头支票由中国人民银行处以票面金额5%但不低于1 000元的罚款。

任务三 办理现金送存业务

【情境导入】

某日，出纳需要将超出库存限额的1 800元钱送存到银行。

现金送存流程如图2-3-1所示。

图2-3-1 现金送存流程

一、整理、清点现金

送款人将相同面额的纸币整理、叠放在一起，逐一清点并加总。每100张为一把，用扎钞纸或橡皮筋扎好，每10把扎成一捆。不够整把的，按面额从大到小顺序排列后，做成一沓，再扎好。

二、填制现金缴款单

各银行的现金缴款单格式和联次数量有所不同，但内容基本相同。本任务中，出纳可从开户银行领取现金缴款单空白单据，按单据内容填写，如图 2-3-2 所示。

知识点

现金缴款单中，收款人户名、收款人账号、金额大小写等应当填写齐全，大写必须顶格书写，小写金额用封位符“¥”封顶。款项来源应如实填写。

金额按清点好的面额数分别填写到券别对应栏内（实际工作中，银行一般不严格要求存现人必须填写券别和数额）。

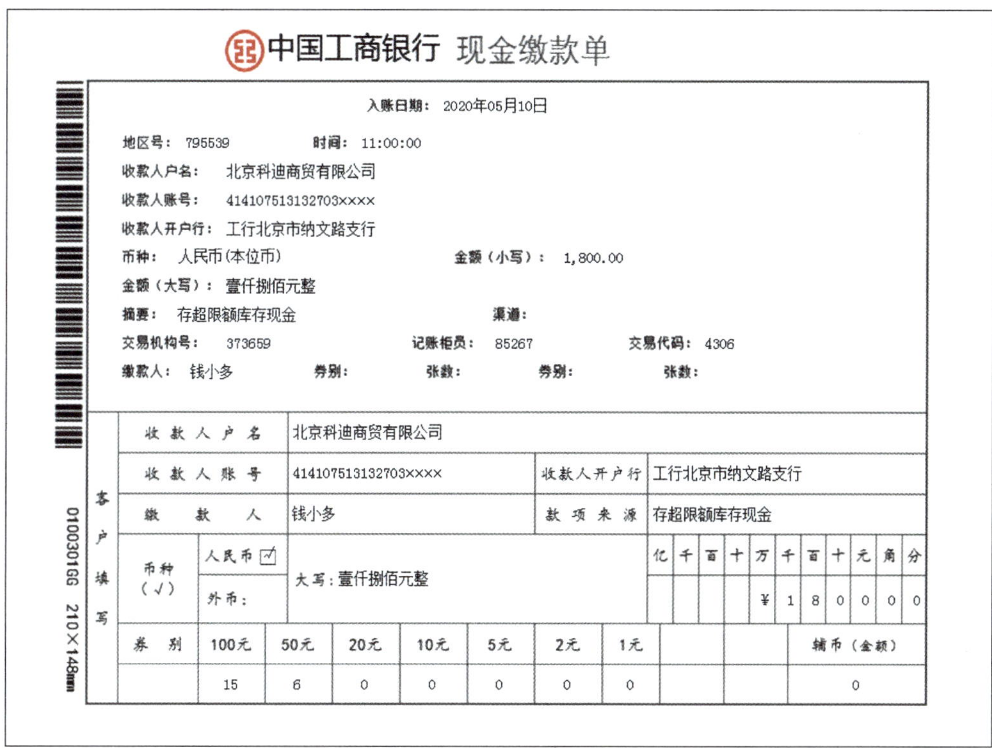

中国工商银行　现金缴款单

入账日期：2020年05月10日

地区号：795539　时间：11:00:00

收款人户名：北京科迪商贸有限公司

收款人账号：414107513132703××××

收款人开户行：工行北京市纳文路支行

币种：人民币(本位币)　金额（小写）：1,800.00

金额（大写）：壹仟捌佰元整

摘要：存超限额库存现金　渠道：

交易机构号：373659　记账柜员：85267　交易代码：4306

缴款人：钱小多　券别：　张数：　券别：　张数：

客户填写

收款人户名	北京科迪商贸有限公司								
收款人账号	414107513132703××××				收款人开户行	工行北京市纳文路支行			
缴款人	钱小多				款项来源	存超限额库存现金			
币种（√）	人民币☑ 外币：	大写：壹仟捌佰元整				亿千百十万千百十元角分	¥180000		
券别	100元	50元	20元	10元	5元	2元	1元		辅币（金额）
	15	6	0	0	0	0	0		0

010030106　210×148mm

图 2-3-2　填制现金缴款单

三、送现金，取回单

出纳拿着整理好要送存的现金和填好的现金缴款单，交给银行对公业务窗口的柜员。银行柜员查验无误后，在现金缴款单上加盖印章，并将回单（见图 2-3-3）退还给出纳

（存现人）。出纳将收到的回单交给单位会计编制记账凭证。

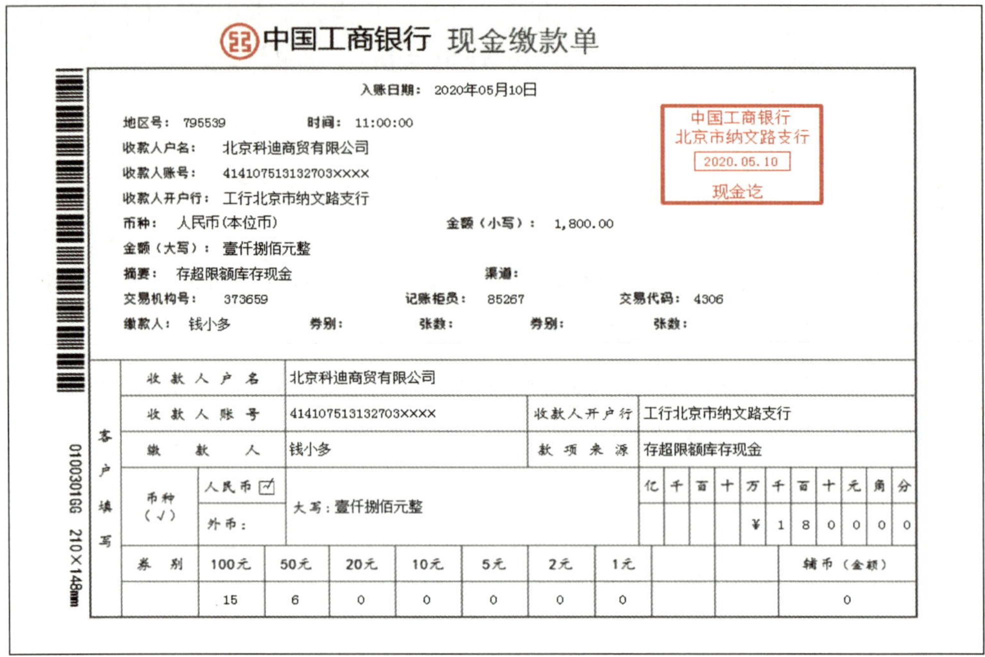

中国工商银行 现金缴款单

入账日期：2020年05月10日

地区号：795539　　时间：11:00:00

收款人户名：北京科迪商贸有限公司

收款人账号：414107513132703XXXX

收款人开户行：工行北京市纳文路支行

币种：人民币(本位币)　　金额（小写）：1,800.00

金额（大写）：壹仟捌佰元整

摘要：存超限额库存现金　　渠道：

交易机构号：373659　　记账柜员：85267　　交易代码：4306

缴款人：钱小多　　券别：　　张数：　　券别：　　张数：

中国工商银行 北京市纳文路支行 2020.05.10 现金讫

客户填写			
收款人户名	北京科迪商贸有限公司		
收款人账号	414107513132703XXXX	收款人开户行	工行北京市纳文路支行
缴款人	钱小多	款项来源	存超限额库存现金
币种（√）	人民币 ☑　外币：	大写：壹仟捌佰元整	亿 千 百 十 万 千 百 十 元 角 分：¥ 1 8 0 0 0 0

券别	100元	50元	20元	10元	5元	2元	1元			辅币（金额）
	15	6	0	0	0	0	0			0

010030１GG　210×148mm

图 2-3-3　回单

四、登记日记账

出纳根据审核无误的记账凭证登记库存现金日记账和银行存款日记账。

小提示

现金送存银行注意事项：送款人最好是现金整理人；金额较大时应专车护送；人员较多时，应按次序等候，钞票不离手；仔细检查回单联中的收款人户名、金额是否正确。

任务四　办理现金收款业务

【情境导入】

5 月 11 日，行政部王飞交来单位代垫的宿舍水电费 116. 8 元。

收款业务流程如图 2-4-1 所示。

图 2-4-1　收款业务流程

一、审核收款凭证

根据应收凭证，审核金额以及相关证件是否准确齐全。

二、收取款项

核实钱款，当面点清，收款时要做到唱收唱付。

三、填写收据、盖章

收据是单位与个人或者单位与单位之间发生暂时性资金往来时使用的一种凭证，在实际工作中，收据（见图 2-4-2）的样式多种多样，来源也各有不同，可以从会计用品商店或大型超市购买。

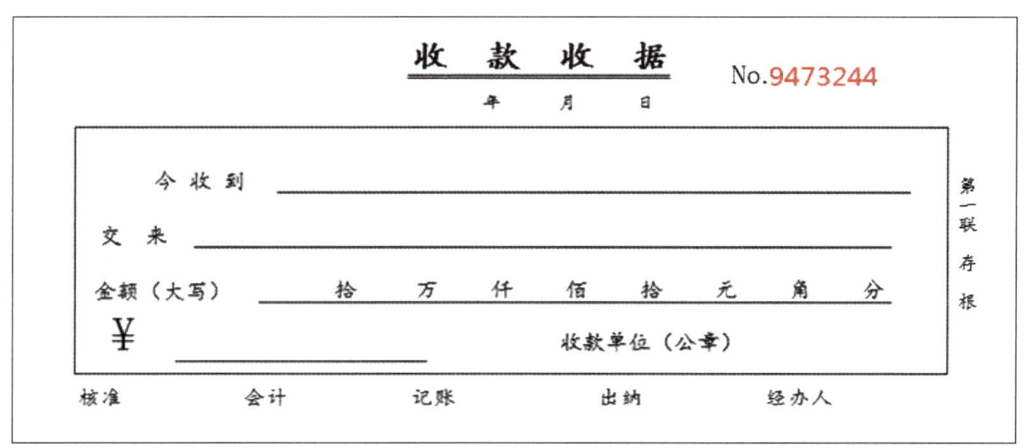

收　款　收　据

No.9473244

年　月　日

今收到 ______

交来 ______

金额（大写）____ 拾 万 仟 佰 拾 元 角 分

¥ ______　　收款单位（公章）

第一联 存根

核准　会计　记账　出纳　经办人

图 2-4-2　收据

收据采用无碳复写纸，一般有一式两联、三联或四联等形式，号码一致。三联收据中第一联为存根联，第二联为收据联，第三联为记账联。收据的要素及填写要求如下：“年、月、日”处填写小写阿拉伯数字即可；“今收到”后填写具体的人或部门名称；“交来”后填写所收款项的实际原因或用途；“金额”处填写具体金额数字，大小写必须一致，否则视为无效票据。

本任务中，收据填好后，出纳要在收据联（见图 2-4-3）加盖单位财务章和个人章，在记账联（见图 2-4-4）加盖“现金收讫”章。原则上单位财务章和收据必须分开保管，以确保钱款的安全性。

四、登记日记账

出纳将盖好章的收据联给交款人做收款证明，记账联给会计用来填制收款凭证，再根据审核后的收款凭证登记现金日记账。

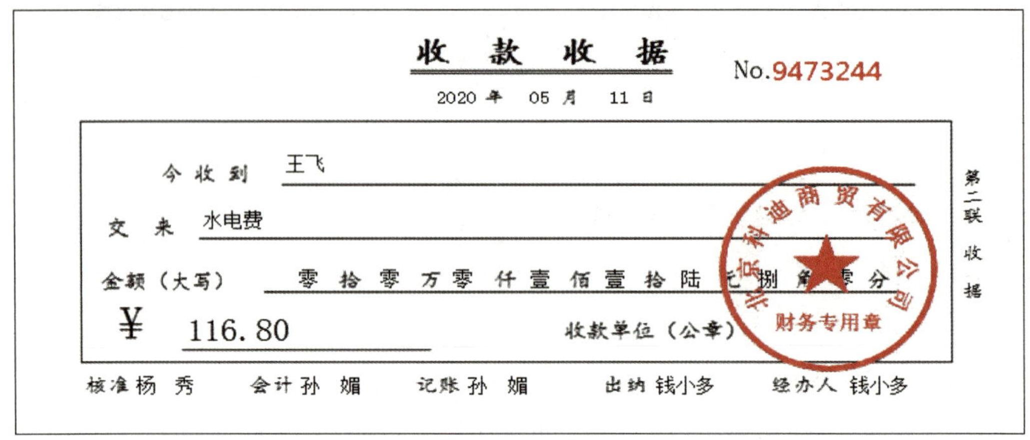

收 款 收 据　　No.9473244

2020年 05月 11日

今收到 王飞

交来 水电费

金额（大写） 零 拾 零 万 零 仟 壹 佰 壹 拾 陆 元 捌 角 零 分

¥ 116.80　　收款单位（公章）　北京科迪商贸有限公司 财务专用章

核准 杨秀　会计 孙媚　记账 孙媚　出纳 钱小多　经办人 钱小多

第二联 收据

图 2-4-3　收据联

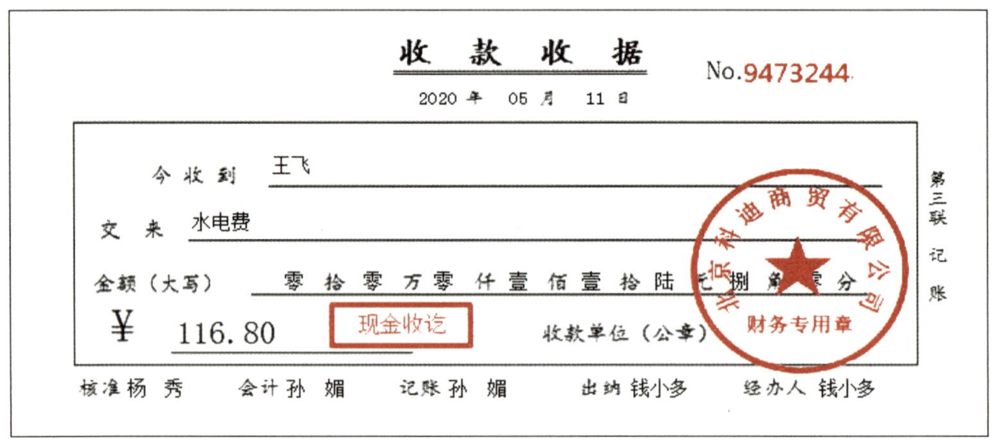

收 款 收 据　　No.9473244

2020年 05月 11日

今收到 王飞

交来 水电费

金额（大写） 零 拾 零 万 零 仟 壹 佰 壹 拾 陆 元 捌 角 零 分

¥ 116.80　现金收讫　收款单位（公章）　北京科迪商贸有限公司 财务专用章

核准 杨秀　会计 孙媚　记账 孙媚　出纳 钱小多　经办人 钱小多

第三联 记账

图 2-4-4　记账联

小提示

收据在单位内部可以作为记账依据，但从外部单位取得的收据只能作为收款依据，不能作为记账依据。

五、使用收据的注意事项

1. 登记领用

购买回来的收据，其编号都是连续的，领用时要在收据领用登记簿上登记领用日期、

收据号、领用人，收据领用登记簿如图 2-4-5 所示。

收据领用登记簿

日期	收据号	领用人	还回人	还回时间	领用本数
2020.05.05	2051600-2051625	钱小多			1

图 2-4-5　收据领用登记簿

2. 作废

如果收据还没有撕下来时发现写错，要在第一联划一条斜线，注明“作废”字样（三联都要标注）；如果收据已撕下来提交给他人，后来又发现有错误的，应及时收回其他联次，将收据联和记账联粘在存根联的后面，并加盖作废章或手写“作废”字样。

3. 备注与归还

每本收据用完后，要在封面备注好该本收据业务的所属期间以及收据号数，以便业务查询。将用完的收据交还时，应在收据领用登记簿上做好登记，注明还回人和还回时间。

任务五　办理现金借款业务

【情境导入】

2020 年 5 月 11 日，采购部赵刚因购买办公用品，向财务部借取 500 元现金。

现金借款业务流程如图 2-5-1 所示。

图 2-5-1 借款业务流程

一、填写借款单

借款单是指因工作或业务需要，在完成相关报销或付款手续之前，需要提前办理借款业务手续而填写的单据。借款单属于单位内部的财务票据。单位可以直接从市场上购买所需要的借款单，也可以自行设计符合单位自身业务特点和管理要求的借款单。

借款单的样式有很多种，但内容大致相同，单位其他部门或个人在办理借款时必须填制借款单（见图 2-5-2），杜绝白条抵库。借款单要素及填写要求如下：

“资金性质”可按支付的方式填写“现金”或“支票”。“年、月、日”填写付款当天的日期。“部门”填写借款人的姓名或所在部门名称。“借款理由”根据款项的实际用

途填写。“借款金额”中，大写金额应紧接“人民币（大写）”从左至右顺序填写，前面不得留有空白，元、角位后没有分的，在元、角后面加上“正”或“整”字，分位有数的直接写到分位，不用加“正”或“整”字；小写金额在人民币符号“￥”后填写，注意小写时应写到分位。大小写金额必须一致，否则借款单无效。

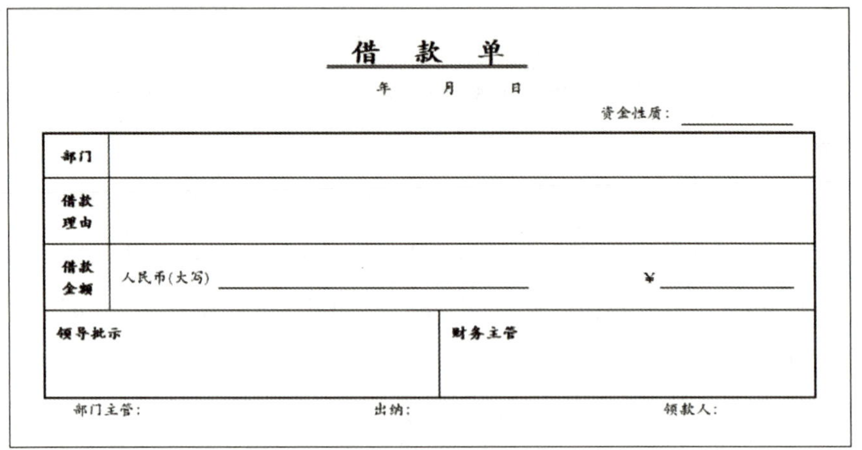

借款单

年 月 日

资金性质：

部门		
借款理由		
借款金额	人民币(大写)	￥
领导批示		财务主管

部门主管： 出纳： 领款人：

图 2-5-2 借款单

本任务中，采购员赵刚按以上要求填写借款单。

知识点

白条抵库：白条抵库是财务用语，指的是以个人或单位名义开具的不符合财务制度和会计凭证手续的字条与单据顶替库存现金或实物的行为。

二、领导审批

借款人根据单位财务制度的具体规定，向具有审批权限的上级报批，上级接到借款申请后进行审查并签字。实际工作中审批审核的流程因每个单位财务制度而不同，在办理借款时，要以本单位相关规定为准。

按北京科迪商贸有限公司财务制度规定，赵刚先找部门主管审批签字，再到单位负责人处审批签字，然后找会计主管审核并签字，最后将借款单送到出纳处。

三、出纳审核

出纳认真审核借款单的日期、姓名、借款事由、大小写金额、各级领导签字，确认完全符合财务制度和审批程序，文字内容也都清晰正确，然后按借款内容登记员工借款明细账（见图 2-5-3）。

员工借款明细账

所属期间：2020 年 05 月 单位：元

编号	姓名	部门	摘要	借款金额	借款日期	还款金额	归还日期	余额
1	赵刚	采购部	购买办公用品	500	2020.05. 11			

图 2-5-3 员工借款明细账

四、出纳付款

出纳将 500 元现金付给赵刚，双方当面点清钱款，出纳在借款单上加盖“现金付讫”章，最后在“出纳”处签名。办理完以上手续的借款单如图 2-5-4 所示。

借 款 单

2020 年 05 月 11 日

资金性质：库存现金

部门	采购部	
借款理由	购买办公用品	
借款金额	人民币（大写）伍佰元整 现金付讫	¥ 500.00
领导批示 同意 赵一迪		财务主管 杨 秀

部门主管：李纳 出纳：钱小多 领款人：赵刚

图 2-5-4 借款单

五、登记日记账

出纳将借款单转交会计，填制付款凭证，审核后据实登记现金日记账。

小提示

出纳必须养成习惯：借款金额确认无误后，先让借款人在“领款人”处签字，再将现金交予借款人，最后在借款单上盖“现金付讫”章。

任务六　会议费报销

【情境导入】

5 月 13 日，销售部马成来财务部门报销会议费 1 530 元。

会议费报销流程如图 2-6-1 所示。

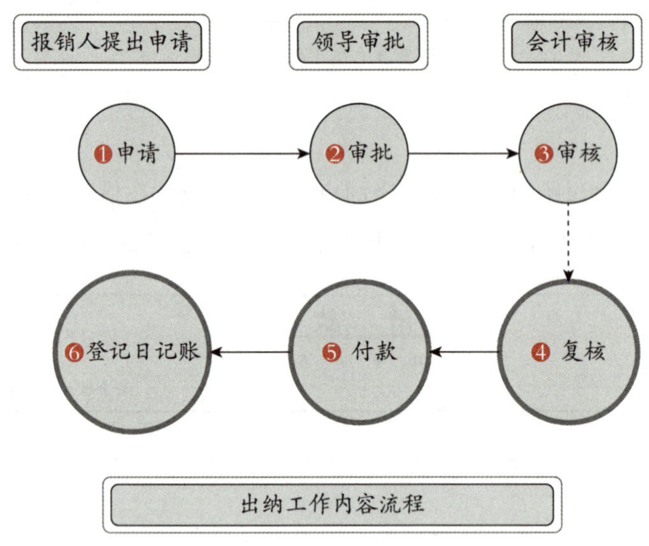

图 2-6-1　会议费报销流程

一、申请

报销人首先填写报销单，将准备报销的有效票据整理规范后粘贴在报销单后面，提出报销申请。

1. 填写报销单

空白报销单如图 2-6-2 所示。各要素及填写要求如下："年、月、日"填写报销当天的日期，注意不是业务发生的日期。"报销部门"填写报销人所在部门的名称。"用途"按照实际用途简要填写。"金额大写"应顶格规范书写。小写金额要紧接人民币封位符"￥"书写。"原借款"和"应退余款"栏按实际发生额填写，没有可以不填写。"备注"暂不填写，由出纳在付款时填写"现金付讫"或者加盖"现金付讫"章。"单据及附件"处填写所附原始凭证的数量。"部门审核""领导审批""会计主管""会计""出纳""报销人"及"领款人"为相关人员签字处。

本任务中，销售部马成在出纳的指导下填写好报销单，并在最下方"报销人"处

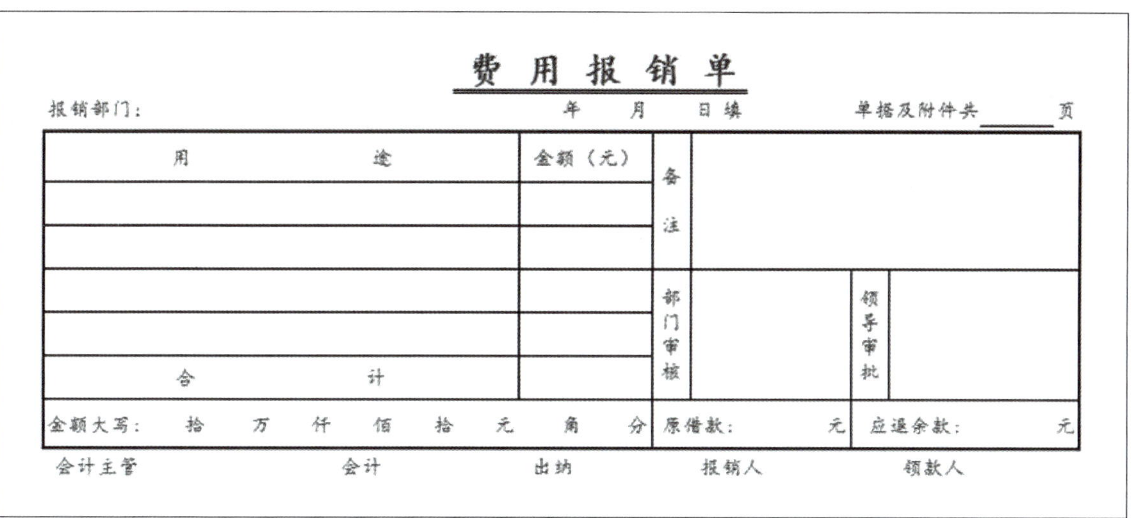

费 用 报 销 单

报销部门： 年 月 日 填 单据及附件共____页

用 途	金额（元）	备注			
		部门审核		领导审批	
合 计					
金额大写： 拾 万 仟 佰 拾 元 角 分		原借款： 元		应退余款： 元	

会计主管 会计 出纳 报销人 领款人

图 2-6-2 报销单

签字。

2. 粘贴票据

粘贴票据时通常要自下而上。首先粘贴第一张票据，将票据与报销单右下边缘对齐进行粘贴；第二张票据要与第一张票据错开粘贴，便于查询；其余票据以此类推。

过长过宽的票据粘贴好之后要按照报销单的大小进行折叠，先将过宽部分按报销单的大小向左折叠，再将下方过长部分以报销单底部为限向上折叠，最后将左上角向右下方折成三角形。

销售部马成在出纳的指导下将票据整理规范后粘贴在报销单的后面。

二、审批

报销人根据单位财务制度的规定向部门负责人报批，如果金额较大，还应向具有审批权的上级报批。具有审批权的上级接到报销申请后，应当进行审查，批准后在报销单上签名。

马成持贴好票据的报销单先找其部门主管进行审批，部门主管同意报销并在报销单“部门审核”处签字。然后马成又找到单位负责人审批，单位负责人在“领导审批”处签字。

三、审核

会计根据财务制度和审批程序对各项原始票据和金额进行审核，确认无误后在报销单最下方签字。

四、复核

出纳对报销单及所附的各项原始票据和金额进行复核。

小提示

会议费报销需注意审核报销人提供的原始票据，除相关服务行业开具的专用发票之外，还要有能够证明会议费标准的其他原始单据，如会议通知、会议纪要、会议签到表、会议费用明细清单等资料。

五、付款

出纳审核确认无误后向报销人员支付款项，同时在报销单上“备注”栏填写“现金付讫”字样或者加盖“现金付讫”章。领款人在报销单（见图2-6-3）右下方“领款人”处签字。

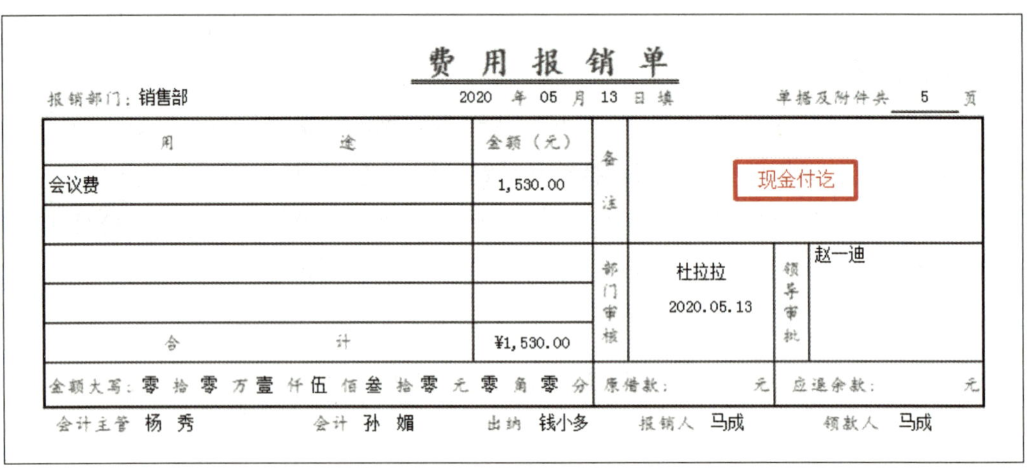

费用报销单

报销部门：销售部　　2020 年 05 月 13 日 填　　单据及附件共 5 页

用途	金额（元）	备注			
会议费	1,530.00		现金付讫		
		部门审核	杜拉拉 2020.05.13	领导审批	赵一迪
合计	¥1,530.00				
金额大写：零 拾 零 万 壹 仟 伍 佰 叁 拾 零 元 零 角 零 分		原借款： 元		应退余款： 元	

会计主管 杨秀　会计 孙媚　出纳 钱小多　报销人 马成　领款人 马成

图2-6-3　报销单

六、登记日记账

出纳根据审核无误的记账凭证登记库存现金日记账。

任务七　电话费报销

【情境导入】

5月13日，行政部张兰前来报销企业固定电话费538.57元。北京科迪商贸有限公司的电话费分为固定电话费和移动电话费。固定电话费由公司统一支付，按日常费用审批程序及报销流程办理报销手续即可。移动电话费报销依据不同岗位，根据员工工

作性质和职位不同设定不同的报销标准。移动电话费报销有实报实销和限额报销两种情况。

电话费报销流程如图 2-7-1 所示。

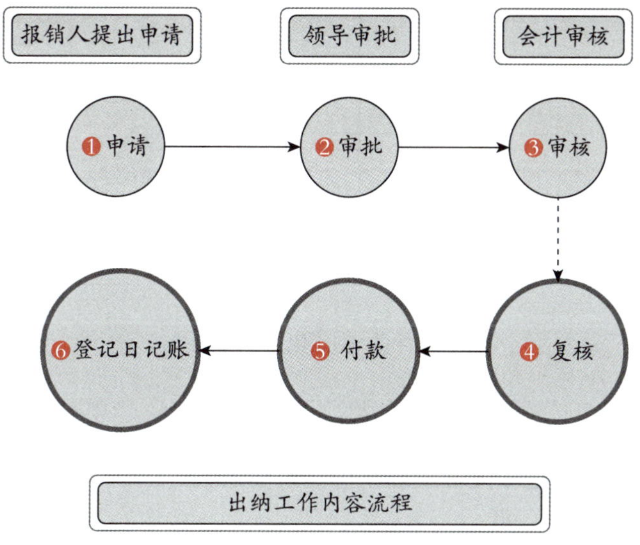

图 2-7-1　电话费报销流程

一、申请

报销人首先填写报销单，将准备报销的有效票据整理规范后粘贴在报销单后面，提出报销申请。

本任务中，出纳指导前来报销固定电话费的张兰填写了一张费用报销单，并将原始票据粘贴在报销单的后面。

二、审批

报销人根据单位财务制度规定向部门负责人报批，如果金额较大，还应向具有审批权的上级报批。具有审批权的上级接到报销申请后，应当进行审查，批准后在报销单上签名。

部门主管及单位负责人分别进行审批，审批通过后在报销单对应栏“部门审核”和“领导审批”处签字。

三、审核

会计根据财务制度和审批程序对原始票据和金额进行审核，确认无误后在报销单最下方签字。

四、复核并付款

出纳对报销单（见图 2-7-2）及所附的原始票据和金额审核无误后，向报销人张兰

支付款项，并在报销单上“备注”栏加盖“现金付讫”章。

费用报销单

报销部门：行政部　　2020 年 05 月 13 日 填　　单据及附件共 1 页

用途	金额（元）	备注	现金付讫		
固定电话费	538.57				
		部门审核	李飞 2020.05.13	领导审批	赵一迪 2020.05.13
合计	¥538.57				
金额大写：零 拾 零 万 零 仟 伍 佰 叁 拾 捌 元 伍 角 柒 分		原借款： 元		应退余款： 元	

会计主管 杨秀　　会计 孙媚　　出纳 钱小多　　报销人 张兰　　领款人 张兰

图 2-7-2　固定电话费报销单

五、登记日记账

出纳根据审核无误的记账凭证登记库存现金日记账。

小提示

报销员工移动电话费一般有实报实销和限额报销两种情况。因为手机号码实名制，在运营商营业大厅开具手机话费发票时，发票抬头只能是个人姓名，无法开具单位抬头的发票。如果购买手机充值卡，运营商可以开具单位抬头的发票。鉴于此，建议单位统一购买手机充值卡，然后按话费报销标准将充值卡发放给员工。

任务八　差旅费报销

【情境导入】

今天是周五，多个部门来财务部报销差旅费。

差旅费报销流程如图 2-8-1 所示。

业务一：职工垫付差旅费

采购部赵刚因采购商品于 2020 年 5 月 12—13 日坐火车去唐山出差，发生差旅费 719 元，无预借差旅费。

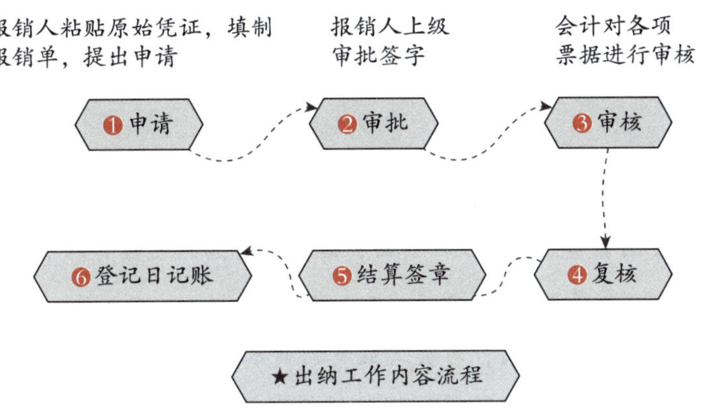

图 2-8-1　差旅费报销流程

一、申请

差旅费报销单据相对较多，报销人应先将准备报销的有效票据整理规范，粘贴在粘贴单上，然后填写差旅费报销单，将粘贴好的单据附在差旅费报销单后面，再向上级提出报销申请。

本任务中，赵刚将这次出差的火车票、住宿费、市内交通票据粘贴在粘贴单上，填制差旅费报销单，将粘贴好的单据附在差旅费报销单后面，向部门主管提出报销申请。

二、审批

报销人根据单位财务制度的规定向部门负责人报批，如果金额较大，还应向具有审批权的更高一级领导报批。具有审批权的上级接到报销申请后，应当进行审查，批准后在报销单上签名。

经部门主管和单位负责人先后审批、签字后，赵刚把差旅费报销单据交给财务部。

三、审核

会计根据财务制度和审批程序对原始票据和金额进行审核，确认无误后在差旅费报销单“审核”处签字。

四、复核

虽然会计已经审核过，但出纳报销前也要本着认真、谨慎的工作态度对填制的差旅费报销单和原始凭证进行复核。差旅费报销单各要素及填写要求如下：“部门”填写出差人员所在部门；“年、月、日”填写差旅费报销单填制日期；“交通费”填写机票、火车票、长途汽车票、轮船票等的发生金额；“其他费用”填写住宿费、市内车费等的金额；“合计”填写“交通费”“出差补贴”和“其他费用”的合计金额。“出差补贴”中的“天数”按各单位规定计算。

知识点

出差补贴天数计算方法

某员工5月1日出差，5月9日返回，其出差补贴的天数有以下几种计算方式：

1. 算头不算尾/算尾不算头：8天。

2. 头尾都算：折算为9天，对员工最有利（本任务采用此种规定）。

3. 按出行与返回的时间点计算，例如规定出行为中午12点以前，算作1天；返回为中午12点以后，算作1天。

出纳收到会计转来赵刚的差旅费报销单（见图2-8-2），根据规章制度对赵刚的差旅费报销单及所附原始凭证进行逐一复核，包括部门、日期、交通费、其他费用、金额合计、天数等。

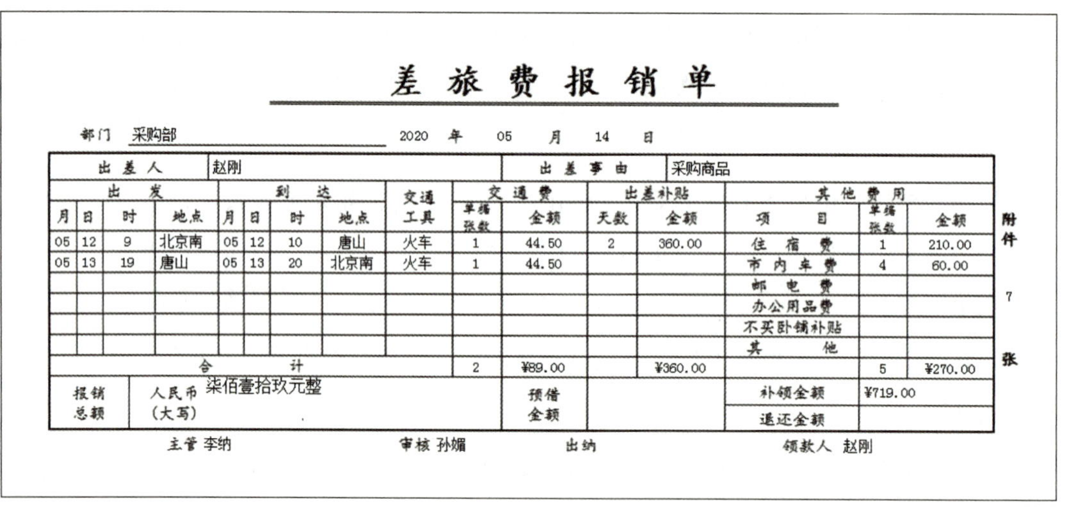

差旅费报销单

部门 采购部　　2020 年 05 月 14 日

出差人			赵刚							出差事由			采购商品		
出发				到达				交通工具	交通费		出差补贴		其他费用		
月	日	时	地点	月	日	时	地点		单据张数	金额	天数	金额	项目	单据张数	金额
05	12	9	北京南	05	12	10	唐山	火车	1	44.50	2	360.00	住宿费	1	210.00
05	13	19	唐山	05	13	20	北京南	火车	1	44.50			市内车费	4	60.00
													邮电费		
													办公用品费		
													不买卧铺补贴		
													其他		
合计									2	¥89.00		¥360.00		5	¥270.00
报销总额	人民币（大写）柒佰壹拾玖元整									预借金额			补领金额	¥719.00	
													退还金额		

附件 7 张

主管 李纳　　审核 孙媚　　出纳　　领款人 赵刚

图2-8-2　审批好的差旅费报销单

五、结算签章

出纳根据审核无误的报销单据进行结算，按报销总额支付给赵刚现金719元，在差旅费报销单上加盖“现金付讫”章，在“出纳”处签名（见图2-8-3），之后将处理过的报销凭证交给会计，编制记账凭证。

六、登记日记账

出纳根据审核无误的记账凭证登记库存现金日记账。

差旅费报销单

部门 采购部　　2020 年 05 月 14 日

出差人	赵刚								出差事由			采购商品			
出发				到达				交通工具	交通费		出差补贴		其他费用		
月	日	时	地点	月	日	时	地点		单据张数	金额	天数	金额	项目	单据张数	金额
05	12	9	北京南	05	12	10	唐山	火车	1	44.50	2	360.00	住宿费	1	210.00
05	13	19	唐山	05	13	20	北京南	火车	1	44.50			市内车费	4	60.00
													邮电费		
													办公用品费		
													不买卧铺补贴		
													其他		
合计									2	¥89.00		¥360.00		5	¥270.00
报销总额	人民币（大写）柒佰壹拾玖元整								预借金额				补领金额	¥719.00	
													退还金额		

附件 7 张

现金付讫

主管 李纳　　审核 孙媚　　出纳 钱小多　　领款人 赵刚

图 2-8-3　结算签章后的差旅费报销单

知识点

差旅费报销

1. 职工垫付差旅费，报销时按报销总额将现金交给出差人员。

2. 职工出差前向单位预借差旅费，报销时多退少补，确认无误后按退/补金额结算。

（1）有补领金额的，按补领金额支付给出差人员。

（2）有退还金额的，按收回退还金额填制收据。

业务二：职工出差前向单位预借差旅费

5 月 11 日，销售部张强因去大连出差拜访客户预借差旅费 1 000 元，出纳按照借款手续支付（见图 2-8-4）。

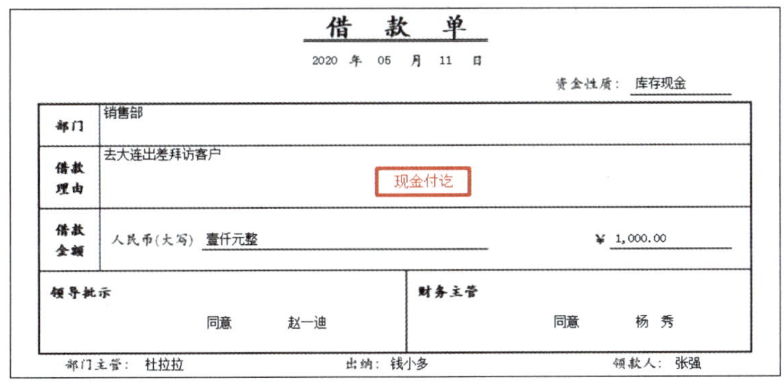

借　款　单

2020 年 05 月 11 日

资金性质：库存现金

部门	销售部
借款理由	去大连出差拜访客户
借款金额	人民币（大写）壹仟元整　　¥ 1,000.00
领导批示　同意　赵一迪	财务主管　同意　杨　秀

现金付讫

部门主管：杜拉拉　　出纳：钱小多　　领款人：张强

图 2-8-4　借款单

5 月 14 日，张强出差回来并拿着审批好的差旅费报销单据（见图 2-8-5）来财务部报销。出纳根据规章制度对张强的差旅费报销单及所附原始凭证进行逐一复核。

差旅费报销单

部门 销售部　　2020 年 05 月 14 日

出差人	张强										出差事由	拜访客户			
出发				到达				交通工具	交通费		出差补贴		其他费用		
月	日	时	地点	月	日	时	地点		单据张数	金额	天数	金额	项目	单据张数	金额
05	11	14	北京	05	11	21	大连	火车	1	261.00	3	540.00	住宿费	1	400.00
05	13	16	大连	05	13	23	北京	火车	1	261.00			市内车费	2	50.00
													邮电费		
													办公用品费		
													不买卧铺补贴		
													其他		
合计									2	¥522.00		¥540.00		3	¥450.00
报销总额	人民币（大写）壹仟伍佰壹拾贰元整								预借金额	¥1,000.00			补领金额	¥512.00	
													退还金额		

附件 5 张

主管 杜拉拉　审核 孙媚　出纳　领款人 张强

图 2-8-5　审批好的差旅费报销单

出纳根据审核无误的报销单据进行结算，此次报销总额为 1 512 元，有预借差旅费 1 000 元，按补领金额支付给张强现金 512 元，在差旅费报销单上加盖“现金付讫”章，在“出纳”处签名，如图 2-8-6 所示。

差旅费报销单

部门 销售部　　2020 年 05 月 14 日

出差人	张强										出差事由	拜访客户			
出发				到达				交通工具	交通费		出差补贴		其他费用		
月	日	时	地点	月	日	时	地点		单据张数	金额	天数	金额	项目	单据张数	金额
05	11	14	北京	05	11	21	大连	火车	1	261.00	3	540.00	住宿费	1	400.00
05	13	16	大连	05	13	23	北京	火车	1	261.00			市内车费	2	50.00
										现金付讫			邮电费		
													办公用品费		
													不买卧铺补贴		
													其他		
合计									2	¥522.00		¥540.00		3	¥450.00
报销总额	人民币（大写）壹仟伍佰壹拾贰元整								预借金额	¥1,000.00			补领金额	¥512.00	
													退还金额		

附件 5 张

主管 杜拉拉　审核 孙媚　出纳 钱小多　领款人 张强

图 2-8-6　结算签章后的差旅费报销单

然后，出纳将处理过的报销凭证交给会计编制记账凭证，并根据审核无误的记账凭证登记库存现金日记账。

如果报销总额小于预借金额，比如此次报销总额为 800 元，小于原预借金额 1 000 元，则报销时出纳应收回张强退还余款 200 元，并填写收据，加盖“现金收讫”章，如图 2-8-7 所示。

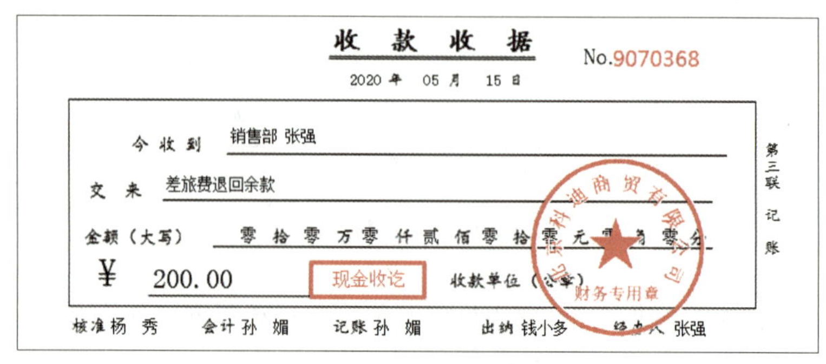

收款收据　No.9070368

2020 年 05 月 15 日

今收到 销售部 张强

交来 差旅费退回余款

金额（大写） 零 拾 零 万 零 仟 贰 佰 零 拾 零 元 零 角 零 分

¥ 200.00　现金收讫　收款单位（公章）　北京科迪商贸有限公司 财务专用章

第三联 记账

核准 杨秀　会计 孙媚　记账 孙媚　出纳 钱小多　经办人 张强

图 2-8-7　收据

小提示

1. 实际工作中，为简化报销手续，如果不是大额费用，通常是职工先垫付费用，然后据实报销。

2. 自2017年7月1日起，购买方为企业的，索取增值税普通发票时，应向销售方提供纳税人识别号或统一社会信用代码；销售方为其开具增值税普通发票时，应在“购买方纳税人识别号”栏填写购买方的纳税人识别号或统一社会信用代码。不符合规定的发票不得作为税收凭证。

3. 查验增值税发票真伪可登录国家税务总局全国增值税发票查验平台，支持增值税专用发票、增值税普通发票（含电子普通发票、卷式发票）、机动车销售统一发票、货物运输业增值税专用发票在线查验。

思考与练习

现金业务处理实训：本实训需自备支票领用登记簿、现金支票、现金缴款单、收款收据、借款单、费用报销单、差旅费报销单、库存现金日记账和银行存款日记账。

（1）3日，从银行提取现金3 500元备用。

（2）10日，将销售小家电收到的2 865元现金送存银行（其中：100元面额27张，50元面额3张，10元面额1张，5元面额1张）。

（3）12日，行政部王飞报销小轿车汽油费及高速公路过路费共计358元，以现金付讫。

（4）14日，销售部张强借支差旅费2 000元，差旅费以现金付讫。

（5）16日，行政部张兰报销会议费850元。

（6）18日，以现金支付行政部王飞前来报销的业务招待费486元。

（7）20日，张强出差归来，报销差旅费2 610元，不足部分以现金补足。

（8）30日，仓库库存商品出现损毁，经查系仓库保管员李红失职所致，收到其赔偿金额1 560元。

项目三
银行结算业务处理

学习目标

知识目标

1. 领会各种银行结算的基本内容和相关规定。
2. 掌握银行结算凭证的填写方法和注意事项。
3. 熟悉银行结算业务办理的各项流程及会计处理方法。

能力目标

1. 能够区分各种结算方式，正确填制各种结算票据凭证。
2. 能够熟练应用各种结算票据处理业务。

思维导图

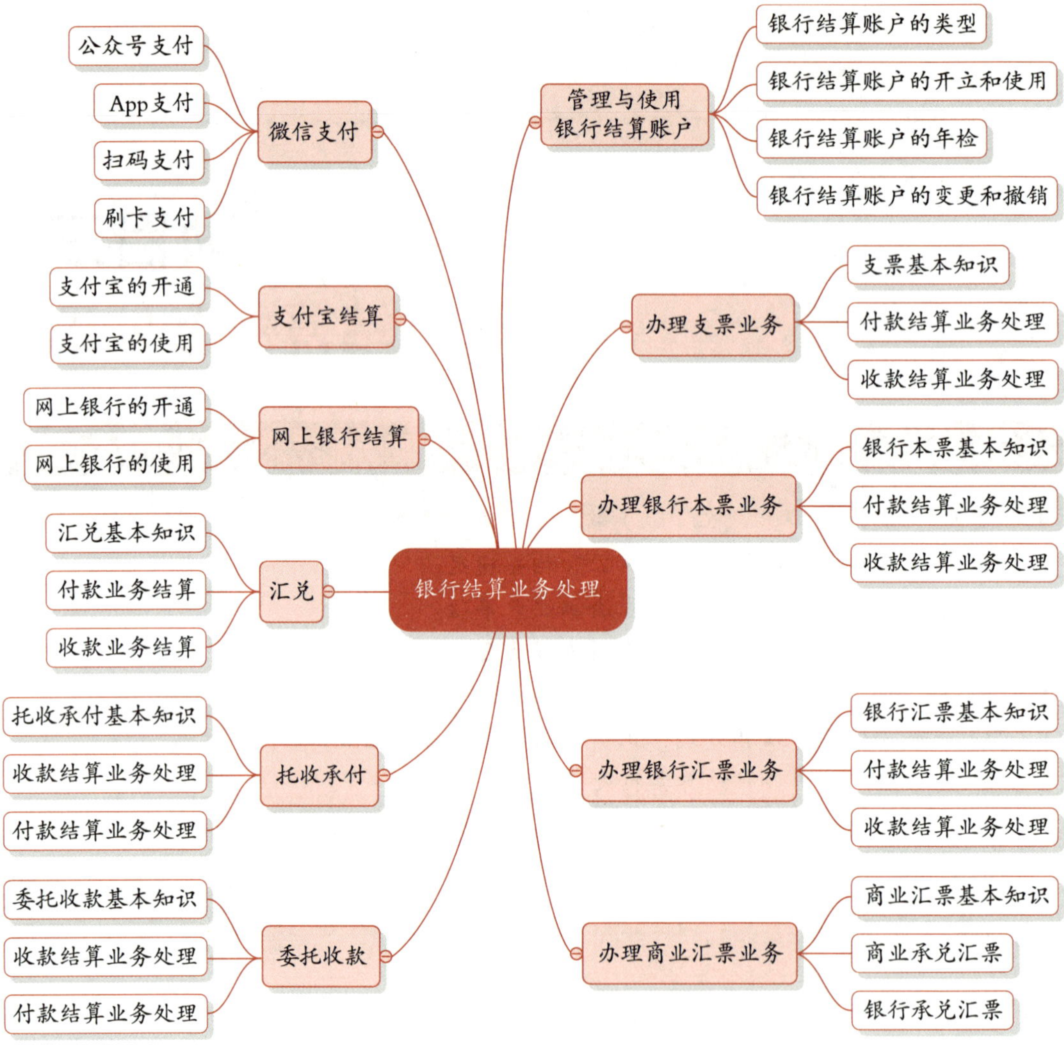

银行结算业务处理

- 管理与使用银行结算账户
  - 银行结算账户的类型
  - 银行结算账户的开立和使用
  - 银行结算账户的年检
  - 银行结算账户的变更和撤销
- 办理支票业务
  - 支票基本知识
  - 付款结算业务处理
  - 收款结算业务处理
- 办理银行本票业务
  - 银行本票基本知识
  - 付款结算业务处理
  - 收款结算业务处理
- 办理银行汇票业务
  - 银行汇票基本知识
  - 付款结算业务处理
  - 收款结算业务处理
- 办理商业汇票业务
  - 商业汇票基本知识
  - 商业承兑汇票
  - 银行承兑汇票
- 微信支付
  - 公众号支付
  - App支付
  - 扫码支付
  - 刷卡支付
- 支付宝结算
  - 支付宝的开通
  - 支付宝的使用
- 网上银行结算
  - 网上银行的开通
  - 网上银行的使用
- 汇兑
  - 汇兑基本知识
  - 付款业务结算
  - 收款业务结算
- 托收承付
  - 托收承付基本知识
  - 收款结算业务处理
  - 付款结算业务处理
- 委托收款
  - 委托收款基本知识
  - 收款结算业务处理
  - 付款结算业务处理

任务一　管理与使用银行结算账户

【情境导入】

周一上午，出纳要去中国银行开立账户，并把刚在银行办理的10万元贷款转存入新账户。

银行存款是指企事业单位存放在银行或其他金融机构中的货币资金，按照国家的有关规定，凡是独立核算的单位都必须开立银行账户。单位之间的经济往来，除在《现金管理暂行条例》规定的范围内可以使用现金外，应当通过开户银行进行转账结算。

根据《人民币银行结算账户管理办法》的规定，人民币银行结算账户是指银行为存款人开立的用于办理现金存取、转账结算等资金收付活动的人民币活期存款账户，它是存款人办理存款、贷款和资金收付活动的基础。无论是物资采购、费用支付还是税款上缴等，只要按照规定都可以办理相关的转账结算业务。

一、银行结算账户的类型

银行结算账户按存款人不同，可分为单位银行结算账户和个人银行结算账户。单位银行结算账户根据不同的用途分为基本存款账户、一般存款账户、专用存款账户、临时存款账户。

1. 基本存款账户是单位因办理日常转账结算和现金收付需要开立的银行结算账户。

2. 一般存款账户是指存款人因为借款或其他结算需要，在基本存款账户开户银行以外的银行营业机构开立的银行结算账户。

3. 专用存款账户是单位按照法律、行政法规和规章，对其特定用途资金进行专项管理和使用而开立的银行结算账户。专用存款账户必须专款专用。

4. 临时存款账户是单位因临时需要并在规定期限内使用而开立的银行结算账户，有效期最长是两年。此类账户可按国家现金管理的规定支取现金。注册验资的临时存款账户在验资期间资金账户只收不付。

二、银行结算账户的开立和使用

1. 基本存款账户的开立和使用

可以申请开立基本存款账户的存款人包括：企业法人；非法人企业；机关、事业单位；团级（含）以上军队、武警部队及分散执勤的支（分）队；社会团体；民办非企业组织；异地常设机构；外国驻华机构；个体工商户；居民委员会、村民委员会、社区委员会；单位设立的独立核算的附属机构，包括幼儿园、食堂、招待所、其他组织。

单位开立基本存款账户时应按照中国人民银行的规定填写开户申请书，并将申请书及以下相关证件送交银行审核。

（1）营业执照正本。

（2）税务登记证正本（三证合一企业可省略）。

（3）组织机构代码证（三证合一企业可省略）。

（4）法定代表人身份证件。

银行核准后，单位应与银行签订银行结算账户管理协议，预留银行印鉴，由银行发出开户许可证，如图 3-1-1 所示。

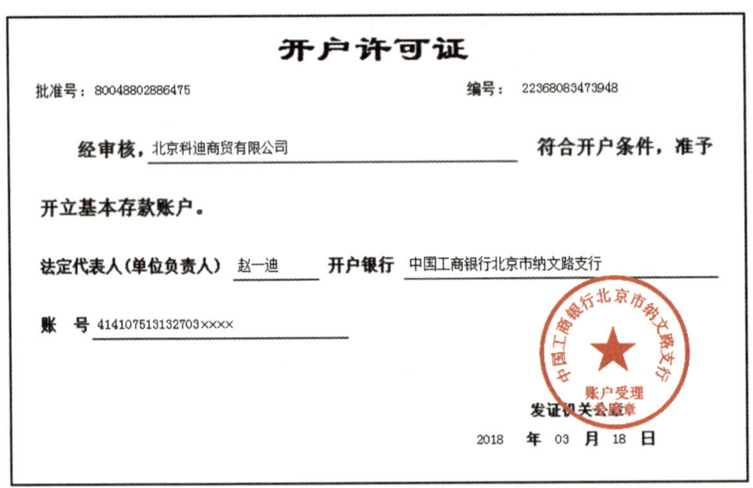

开户许可证

批准号：80048802886475　　　编号：22368083473948

经审核，北京科迪商贸有限公司　　符合开户条件，准予开立基本存款账户。

法定代表人（单位负责人）　赵一迪　　开户银行　中国工商银行北京市纳文路支行

账　号　414107513132703××××

发证机关盖章

2018 年 03 月 18 日

图 3-1-1　开户许可证

基本存款账户是存款人的主办账户，单位日常经营活动的资金收付及工资、奖金和日常现金的支取，必须通过该账户办理。一个单位只能有一个基本存款账户，不能开设多个。

知识点

早在 2018 年，试点地区人民银行分支机构对银行为企业开立基本存款账户由核准制调整为备案制，不再核发基本存款账户开户许可证。

《中国人民银行关于试点取消企业银行账户开户许可证核发的通知》规定：试点地区人民银行分支机构对银行为企业开立基本存款账户由核准制调整为备案制，不再核发基本存款账户开户许可证。试点地区银行按规定审核企业身份、开户意愿真实性以及基本存款账户唯一性后，为符合条件的企业开立基本存款账户。该账户后续办理变更、撤销业务也由核准制调整为备案制，无须人民银行分支机构核准。

2. 一般存款账户的开立和使用

（1）存款人申请开立一般存款账户，应当向银行出具其开立基本存款账户规定的证明文件（营业执照、法人身份证）、基本存款账户开户许可证和借款合同或者其他有关证明文件。

（2）存款人应首先开立基本存款账户，然后才能开立一般存款账户。

（3）一般存款账户用于办理存款人借款转存、借款归还和其他的资金收付。

（4）一般存款账户可以办理现金缴存，但不得办理现金支取。

本任务中，出纳在中国银行开立单位银行结算账户，申请书如图 3-1-2 所示。

中国银行
中国银行

开立单位银行结算账户申请书

No. 42804554

存款人名称		北京科迪商贸有限公司	电　话	xxxxxxx
地　址		北京市知春路474号	邮　编	xxxxx
存款人类别			组织机构代码	91110100M29257xxxx
法定代表人（√）	姓　名	赵一迪		
单位负责人（√）	证件种类	身份证	证件号码	xxxxxxxxxxxxxxxxxx
行业分类		A（　）B（　）C（　）D（　）E（　）F（　）G（　）H（√）I（　）J（　） K（　）L（　）M（　）N（　）O（　）P（　）Q（　）R（　）S（　）T（　）		
注册资金		币种：人民币　金额：xx万元	地区代码	100000
经营范围		批发、零售家用电器		
证明文件种类		营业执照	证明文件编号	xxxxxx
国税登记证号		xxxxxxxxx	地税登记证号	xxxxxxxxxx
关联企业		关联企业信息填列在“关联企业\股东登记表”上。		
账户性质		基本（　）　一般（√）　专用（　）　临时（　）		
资金性质			有效日期至	年　月　日

以下为存款人上级法人或主管单位信息：

上级法人或主管单位名称				
基本存款账户开户许可证核准号			组织机构代码	
法定代表人（　）	姓　名			
单位负责人（　）	证件种类		证件号码	

以下栏目由开户银行审核后填写：

开户银行名称			
开户银行代码		账　号	
账户名称			
基本存款账户开户许可证核准号		开户日期	

本存款人申请开立单位银行结算账户，并承诺所提供的开户资料真实、有效。 存款人（公章） 2020 年 05 月 15 日	开户银行审核意见： 经办人（签章） 开户银行（签章） 2020 年 05 月 16 日	人民银行审核意见： （非核准类账户除外） 经办人（签章） 人民银行（签章） 年　月　日

第一联：开户单位留存

图 3-1-2　开立单位银行结算账户申请书

3. 专用存款账户的开立和使用

（1）存款人申请开立专用存款账户，应向银行出具其开立基本存款账户规定的证明文件、基本存款账户开户许可证和相关专用资金的批文、证明等文件。

（2）单位银行卡账户的资金必须由基本存款账户转账存入，该账户不得办理现金收付业务。

（3）财政预算外资金、证券交易结算资金、期货交易保证金和信托基金专用存款账户不得支取现金。

（4）基本建设资金、更新改造资金、政策性房地产开发资金、金融机构存放同业资金账户需要支取现金的，应在开户时报中国人民银行当地分支行批准（若取，需批准）。

（5）粮、棉、油收购资金，以及社会保障基金、住房基金和党、团、工会经费专用存款账户支取现金应按照国家现金管理的规定办理。

（6）收入汇缴账户除向其基本存款账户或者预算外资金财政专用存款账户划缴款项外，只收不付，且不得支取现金。

（7）业务支出账户除从其基本存款账户拨入款项外，只付不收，其现金支取必须按照国家现金管理的规定办理。

（8）人民币特殊账户资金不得用于放款或提供担保。

4. 临时存款账户的开立和使用

有下列情况的，存款人可以申请开立临时存款账户：设立临时机构，如设立工程指挥部、筹备领导小组、摄制组等；异地临时经营活动，如建筑施工及安装单位等的异地临时经营活动；注册验资资金；境外（含港澳台地区）机构在境内从事经营活动等。

开设临时存款账户所需的证明文件有两个：一是外地临时机构开设并申请建立的账户，还要出具工商行政部门或是相关部门下发的临时性执照；二是临时性的经营活动必须要以个人或是单位的名义开设此项账户，同时还要有当地相关部门同意设立此临时机构的批文。

除需要准备的资料之外，在开设临时存款账户时，存款人还必须填写申请书，并提供营业执照（税务登记证、组织机构代码证）、开户许可证、法人身份证、公章、印鉴等重要资料供审核，另要出具单位介绍信。

小提示

单位必须在开立基本存款账户的前提下开立其他账户，并携带开户许可证。

《人民币银行结算账户管理办法》第四十条规定：单位从其银行结算账户支付给个人银行结算账户的款项，每笔超过5万元的，应向其开户银行提供相应的付款依据，以作备查。

三、银行结算账户的年检

账户年检是指开户银行按年度根据存款人提交的账户年检资料，对已开立的人民币单位银行结算账户的合规性、合法性和账户信息、账户资料的真实性、有效性进行审核确认，同时与人民币银行结算账户管理系统中已存信息进行核对，确定是否相符，并在账户系统中标注年检标识的行为。

年检所需资料包括年检过的营业执照正本和副本复印件、法人代表身份证正反面复印件、被授权人身份证原件及复印件和授权书。以上复印件必须加盖单位公章。

为减轻单位负担，国内部分城市已开通银行账户在线年检。各单位可使用由工商部门颁发的企业数字证书实现在线账户年检，无须提交纸质材料。

四、银行结算账户的变更和撤销

1. 银行结算账户的变更

银行结算账户的变更是指存款人的名称、法定代表人或主要负责人、地址以及其他账户资料的变更。单位法定代表人或主要负责人、地址及其他账户资料发生变更时，应于五个工作日内书面通知相应的开户银行，并提供有关的证明。

变更流程：领取变更申请书、填写并加盖单位印章、送交银行审核。

2. 银行结算账户的撤销

银行结算账户的撤销是指单位因开户资格或其他原因终止银行结算账户使用的行为，一般情况下，需要将银行账户撤销的情况有以下几种：

（1）单位被撤并、解散、宣告破产或停业关闭的。

（2）单位注销并吊销营业执照的。

（3）由于时间关系必须终止账户使用的（临时存款账户2年期满）。

（4）单位因迁址需要变更开户银行的。

（5）其他原因需要撤销银行结算账户的。

有以上第（1）项和第（2）项情形的单位因已丧失经济主体地位或不具备营业资格，不能从事经济活动，应于五个工作日内主动向开户银行提出撤销银行结算账户的申请，超出规定期限未主动办理撤销银行结算账户手续的，银行有权停止其银行结算账户的对外支付。

撤销流程：填写撤销银行结算账户申请书、加盖印章、银行审核。

撤销银行结算账户申请书如图 3-1-3 所示。

中国工商银行
Industrial and Commercial Bank of China

撤销银行结算账户申请书

账户名称			
开户银行名称			
开户银行代码		账号	
账户性质	基本（ ） 专用（ ） 一般（ ） 临时（ ） 个人（ ）		
开户许可证核准号			
销户原因			

本存款人申请撤销上述银行账户，承诺所提供的证明文件真实、有效。 存款人（签章） 年 月 日	开户银行审核意见： 经办人（签章） 开户银行（签章） 年 月 日

第一联：存款人留存

交回空白重要凭证		
种类	张（份）数	起讫号码

填表说明：1. 带括号选项填"√"。
2. 撤销基本存款账户、临时存款账户和预算单位专用存款账户，填写本表一式三联，一联存款人留存，一联开户银行留存，一联由开户银行报送中国人民银行。
3. 撤销一般存款账户、非预算单位专用存款账户、个人银行结算账户，填写本表一式两联，一联存款人留存，一联开户银行留存。
4. 交回空白重要凭证各栏由开户银行据实填写。

图 3-1-3 撤销银行结算账户申请书

任务二 办理支票业务

【情境导入】

5 月 17 日，采购人员赵刚拿着办好的付款申请单到财务部申请转账支票，向天津辰建电器有限公司支付货款 50 000 元。5 月 15 日，北京科迪商贸有限公司收到一张永乐家电商城支付货款的支票，出纳需要对支票进行审核。

一、支票基本知识

1. 支票的概念

支票是出票人签发的，委托办理支票存款业务的银行或者其他金融机构在见票时无

条件支付确定的金额给收款人或者持票人的票据。

2. 支票的分类

支票上印有“现金”字样的为现金支票，只能用于支取现金。支票上印有“转账”字样的为转账支票，只能用于转账。支票上未印有“现金”或“转账”字样的为普通支票。普通支票可以用于支取现金，也可以用于转账。普通支票左上角画两条平行线的为划线支票，划线支票只能用于转账，不得支取现金。

现金支票在项目二的任务二已经讲解，本任务重点介绍转账支票。

3. 转账支票业务流程

转账支票业务流程如图 3-2-1 所示。

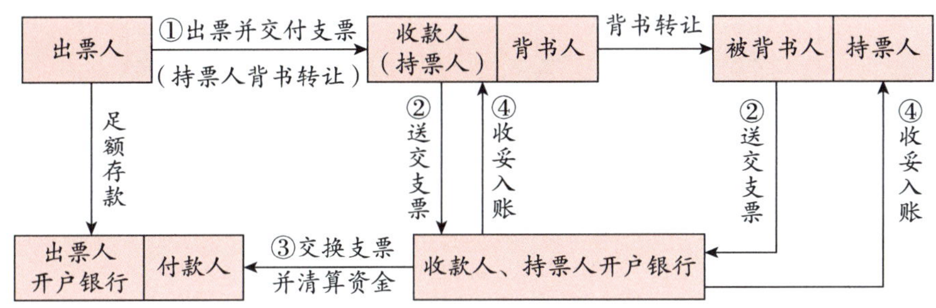

图 3-2-1　转账支票业务流程

二、付款结算业务处理

1. 购买支票

付款方支票不足时，需到开户行购买支票。购买人持支票购买证、本人身份证原件、银行预留印鉴，有设置密码服务的单位，还要在对公柜台验证相关业务的密码，去开户行填写单证领购单，并加盖银行预留印鉴，如图 3-2-2 所示。

单证领购单

领购单位：北京科迪商贸有限公司　　2020年05月17日

名称	号码 起	号码 止	单位	数量	金额 十	万	千	百	十	元	角	分	领购单位签章
现金支票			本	1					3	5	0	0	
合计	人民币（大写）叁拾伍元整							¥	3	5	0	0	领购单位签章

复核　　记账

图 3-2-2　单证领购单

单证领购单的要素及填写方式如下：“领购单位”填写单位全称；“年、月、日”填写购买支票当天的日期；“名称”填写购买凭证的种类；“数量”由领购单位按实际需求填写购买数量，每本支票为 25 张；起止号码由银行职员填写，实际业务中一般购买的支票是连续编号的。

本任务中，出纳将填制完毕的单证领购单交给中国工商银行对公业务窗口的柜员，银行柜员在审核相关资料无误后，将空白的现金支票和加盖印章的业务收费凭证（见图 3-2-3）交给出纳。工本费通常由银行从单位账户里扣除，无须支付现金。

中国工商银行业务收费凭证

币别：人民币　　2020 年 05 月 17 日　　流水号：957104100304547590

付款人 北京科迪商贸有限公司			账号 414107513132703××××		
项目名称	工本费	手续费	电子汇划费	其他	金额
转账支票	10.00	25.00			35.00
金额（大写）	叁拾伍元整				¥35.00
付款方式	转账				

中国工商银行北京市纳文路支行 2020.05.17 办讫章

会计主管 李婷　授权 宋欢　复核 王军　记账 赵明

图 3-2-3　中国工商银行业务收费凭证

出纳拿到空白支票和业务收费凭证，核对支票种类、号码和数量，确认空白支票无误后，回单位将空白支票放于保险柜，将收费回单交给会计编制记账凭证，并根据审核无误的记账凭证登记银行存款日记账。

2. 签发支票

出纳拿出第一张空白支票，再次查询账户余额后，填写转账支票，并按要求加盖银行预留印鉴，如图 3-2-4 所示。

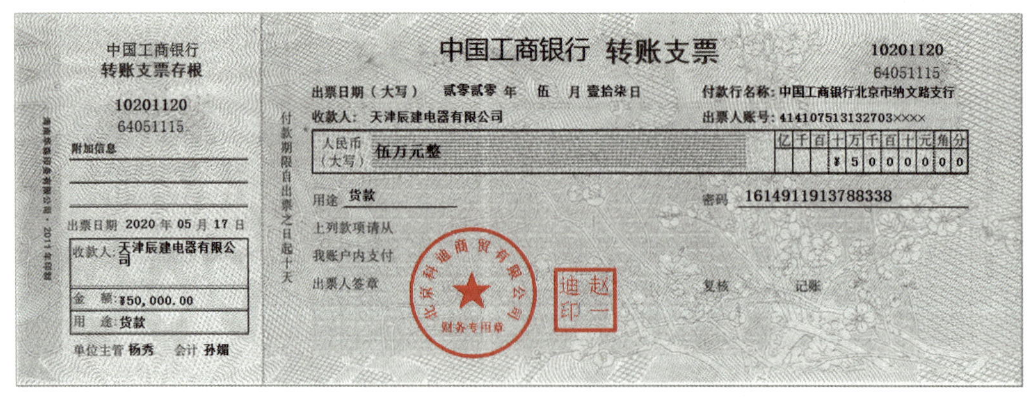
中国工商银行
转账支票存根
10201120
64051115
附加信息
出票日期 2020 年 05 月 17 日
收款人：天津辰建电器有限公司
金　额：¥50,000.00
用　途：货款
单位主管 杨秀　会计 孙娴

中国工商银行 转账支票
10201120
64051115
出票日期（大写） 贰零贰零 年 伍 月 壹拾柒日
付款行名称：中国工商银行北京市纳文路支行
收款人：天津辰建电器有限公司
出票人账号：414107513132703××××
人民币（大写） 伍万元整
¥ 5 0 0 0 0 0 0
付款期限自出票之日起十天
用途 货款
密码 1614911913788338
上列款项请从
我账户内支付
出票人签章
北京科迪商贸有限公司 财务专用章
赵迪 印一
复核　记账

图 3-2-4　中国工商银行转账支票正面

3. 交付结算

赵刚在支票领用登记簿上进行登记后，将支票正联交于收款方办理结算。

4. 登记日记账

出纳将支票存根联交给会计编制记账凭证，并根据审核无误的记账凭证登记银行存款日记账。

知识点

支票日期、金额填写方式同现金支票；收款人名称填写收款人全称；支票的存根联和正联上填写真实用途，不得弄虚作假；支票正联要加盖单位的财务专用章和法人章，签章必须与银行预留印鉴相符。

三、收款结算业务处理

1. 审核支票

2020 年 5 月 15 日，出纳收到一张永乐家电商城支付货款的支票，并对支票进行审核，如图 3-2-5 所示。

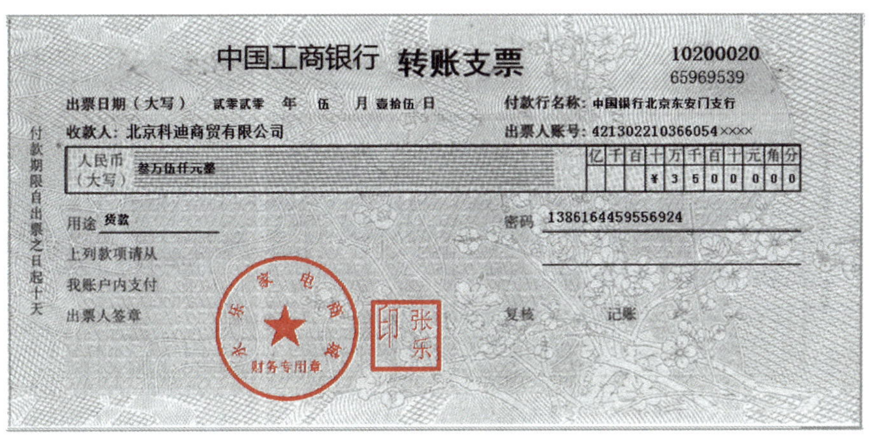

中国工商银行 转账支票　10200020　65969539

出票日期（大写）贰零贰零 年 伍 月 壹拾伍 日　付款行名称：中国银行北京东安门支行

收款人：北京科迪商贸有限公司　出票人账号：421302210366054××××

付款期限自出票之日起十天

人民币（大写）	叁万伍仟元整	亿	千	百	十	万	千	百	十	元	角	分
					¥	3	5	0	0	0	0	0

用途 货款　密码 1386164459556924

上列款项请从
我账户内支付
出票人签章　复核　记账

永乐家电商城 财务专用章　张乐印

图 3-2-5　中国工商银行转账支票正面

出纳收到支票后，需从以下几个方面进行审核：

（1）名称是否为本单位，是否完整、正确。

（2）票据是否在有效期（支票的提示付款期为自出票日起 10 日。超过提示付款期提示付款的，持票人开户银行不予受理，付款人不予付款）。

（3）大小写是否一致。

（4）填写及印鉴是否清晰、完整。

（5）用途是否与实际相符。

（6）密码是否书写。

（7）背书是否连续。

2. 背书结算

收到支票，审核无误后，可以委托银行办理进账，也可以背书转让。

（1）委托银行办理进账

如果将收到的支票（见图 3-2-5）委托银行办理进账，需在转账支票背面“被背书人”处填写本单位开户行全称，在“背书人签章”栏加盖银行预留印鉴，并加盖（也可书写）“委托收款”字样，填写背书日期，如图 3-2-6 所示。

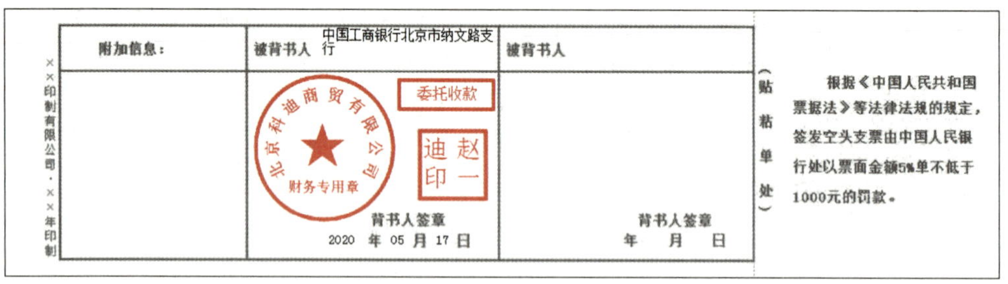

附加信息：	被背书人 中国工商银行北京市纳文路支行	被背书人
	北京科迪商贸有限公司 财务专用章 委托收款 迪赵 印一 背书人签章 2020 年 05 月 17 日	背书人签章 年 月 日

××印制有限公司·××年印制

（贴粘单处）

根据《中华人民共和国票据法》等法律法规的规定，签发空头支票由中国人民银行处以票面金额5%但不低于1000元的罚款。

图 3-2-6　中国工商银行转账支票背面

出纳到开户行填写进账单，将已背书的支票一起交给银行，银行受理后当即将第一联回单联盖章退回，如图 3-2-7 所示。

中国工商银行　进账单（回　单）　1

2020 年 05 月 17 日　　№ 12470919

出票人	全称	永乐家电商城	收款人	全称	北京科迪商贸有限公司
	账号	421302210366054××××		账号	414107513132703××××
	开户银行	中国银行北京东安门支行		开户银行	中国工商银行北京市纳文路支行
金额	人民币（大写）	叁万伍仟元整		亿千百十万千百十元角分	¥ 3 5 0 0 0 0 0
票据种类	转账支票	票据张数	1		
票据号码	16055514				
复核　记账				中国工商银行北京市纳文路支行 2020.05.17 转讫 开户银行签章	

此联是开户银行交给持（出）票人的回单

图 3-2-7　中国工商银行进账单

进账单一般一式三联，无碳复写：第一联为回单联，表示银行已经受理了这笔业务；第二联交给银行；第三联为收账通知，表示款项已收取到账。填写进账单时应注意以下事项：“年、月、日”填写办理进账当天的日期，小写即可；“出票人”和“收款人”信息按实际填写；“金额”中大小写金额书写要求与现金支票相同，“票据种类”和“票据张数”据实填写；“票据号码”填写支票右上角第二行数字。

单位一般在受理两三天后收到银行退回的第三联（收账通知）。

（2）背书转让

背书是指持票人以转让汇票权利或授予他人一定的票据权利为目的，按法定的事项和方式在票据背面或者粘单上记载有关事项并签章的票据行为。背书转让是指票据持有人将票据权利转让给他人的一种票据行为。

票据背书转让时，由背书人在票据背面签章、记载被背书人名称和背书日期。背书未记载日期的，视为在票据到期日前背书。持票人委托银行收款或以票据质押的，除按上款规定记载背书外，还应在背书人栏记载“委托收款”或“质押”字样。

如果北京科迪商贸有限公司收到支票（见图 3-2-5）后未去银行办理进账，而是将其转让给天津辰建电器有限公司用于支付款项，则需要在转账支票背面“被背书人”处填写收款单位名称，在“背书人签章”栏加盖银行预留印鉴，填写背书日期，如图 3-2-8 所示，将填制好的原件交给天津辰建电器有限公司用于款项结算。

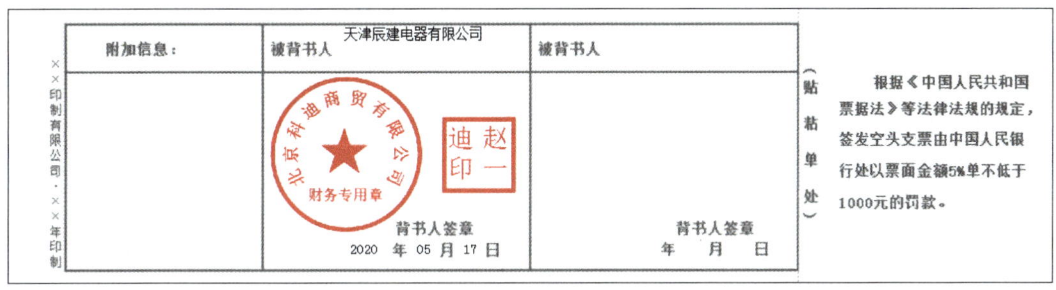

××印制有限公司·××年印制

附加信息：	被背书人 天津辰建电器有限公司	被背书人	（粘贴单处）
	北京科迪商贸有限公司 财务专用章　赵迪一印 背书人签章 2020 年 05 月 17 日	背书人签章 年　月　日	

根据《中国人民共和国票据法》等法律法规的规定，签发空头支票由中国人民银行处以票面金额5%但不低于1000元的罚款。

图 3-2-8　中国工商银行转账支票背面

背书应当连续。背书连续是指在票据转让中，转让票据的背书人与受让票据的被背书人在票据上的签章依次前后连接。具体来说，第一背书人为票据收款人，最后持票人为最后背书的被背书人，中间背书人为前手背书的被背书人。如果票据凭证不能满足背书人记载事项的需要，可以加附粘单，粘贴于票据凭证上。粘单上的第一记载人应当在票据和粘单的粘贴处签章。

3. 登记日记账

（1）支票背书给开户银行办理进账的，出纳将银行回单交给会计编制记账凭证。

（2）背书转让给其他单位的，将背书好的转账支票正反两面复印，复印件交给会计编制记账凭证。

出纳根据审核无误的记账凭证登记银行存款日记账。

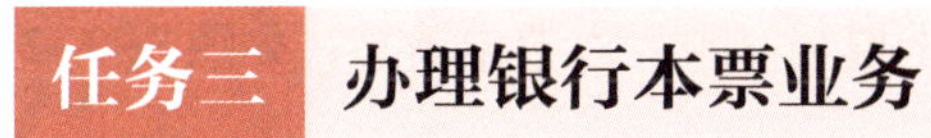

任务三　办理银行本票业务

【情境导入】

2020 年 5 月 18 日，北京科迪商贸有限公司准备从深圳宏兴电器股份有限公司购入一批洗衣机，货款 5 万元以银行本票结算。

一、银行本票基本知识

1. 银行本票的概念

银行本票是银行签发的，承诺自己在见票时无条件支付确定的金额给收款人或者持票人的票据。银行本票可以用于转账，注明现金字样的银行本票可以用于支取现金。

2. 银行本票的使用范围

通常情况下，银行本票只适用于同城，而不适用于异地。

3. 银行本票的业务流程

银行本票业务流程如图 3-3-1 所示。

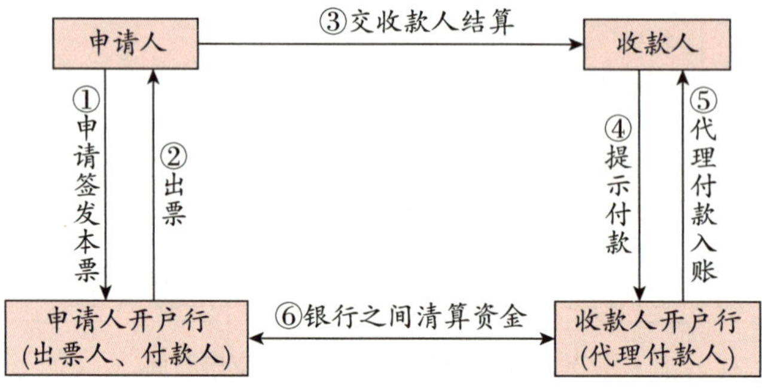

图 3-3-1　银行本票业务流程

二、付款结算业务处理

1. 申请银行本票

企业申请使用银行本票，应填写银行本票申请书。个人和单位都可以申请办理银行本票，办理前首先要填写银行本票申请书。银行本票申请书应填明申请日期、申请人名称、收款人名称、收款人及付款人银行账号、用途、代理付款银行名称、支付金额等事项。申请人为单位的，需加盖银行预留印鉴（单位财务专用章和单位法人章）；申请人为个人的，申请时需出示本人的身份证件。

银行本票申请书中的付款方式可以是现金也可以是转账。只有申请人和收款人均为个人且需要支取现金时，才能签发现金银行本票；申请人或收款人为单位的，不得签发现金银行本票。

本任务中，出纳按要求填写好银行本票申请书，如图 3-3-2 所示。

2. 签发银行本票

申请单位（购买单位）将银行本票申请书和款项交付给开户银行，银行受理并审核后签发银行本票。出票银行在银行本票上用压数机压印出票金额，并在银行本票上签章后交给申请单位。

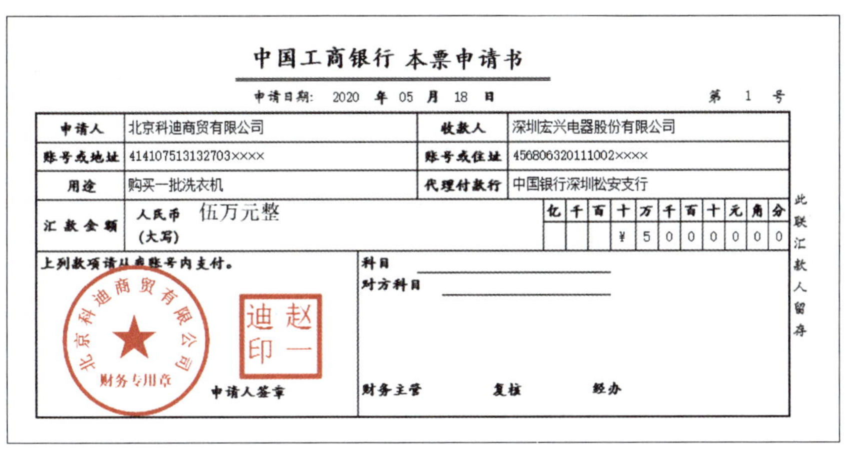

中国工商银行 本票申请书

申请日期: 2020 年 05 月 18 日　　　　第 1 号

申请人	北京科迪商贸有限公司	收款人	深圳宏兴电器股份有限公司
账号或地址	414107513132703××××	账号或住址	456806320111002××××
用途	购买一批洗衣机	代理付款行	中国银行深圳松安支行

汇款金额	人民币（大写）伍万元整	亿	千	百	十	万	千	百	十	元	角	分
					¥	5	0	0	0	0	0	0

上列款项请从我账号内支付。

申请人签章

科目

对方科目

财务主管　　复核　　经办

此联汇款人留存

图 3-3-2　银行本票申请书

知识点

1. 银行本票的有效期

银行本票的提示付款期限为自出票日起 2 个月。持票人超过提示付款期限提示付款的，代理付款人（审核支付本票款项的银行）不予受理。

2. 退款的规定

银行本票见票即付，银行不主动退回多余款。申请人因银行本票超过提示付款期限或其他原因要求退款时，应将银行本票提交到出票银行。申请人为单位的，应出具该单位的证明；申请人为个人的，应出具本人的身份证件。出票银行将款项转入原申请账户。

本任务中，出纳持银行本票申请书到开户银行申请签发银行本票，银行受理申请书，审核无误并收妥款项后签发银行本票。出票银行用压数机压印出票金额，并在银行本票上签章。出票银行将签发的金额为 50 000 元的银行本票交给出纳，如图 3-3-3 所示。

3. 交收款人结算

申请企业取得银行本票后将其交付给本票上记明的收款人办理结算。

本任务中，采购员赵刚将金额为 50 000 元的银行本票交付给深圳宏兴电器股份有限公司，办理款项结算。

4. 登记日记账

最后，出纳将银行本票申请书存根联及银行的业务办理凭证回单一并交给会计编制记账凭证，并根据审核无误的记账凭证登记银行存款日记账。

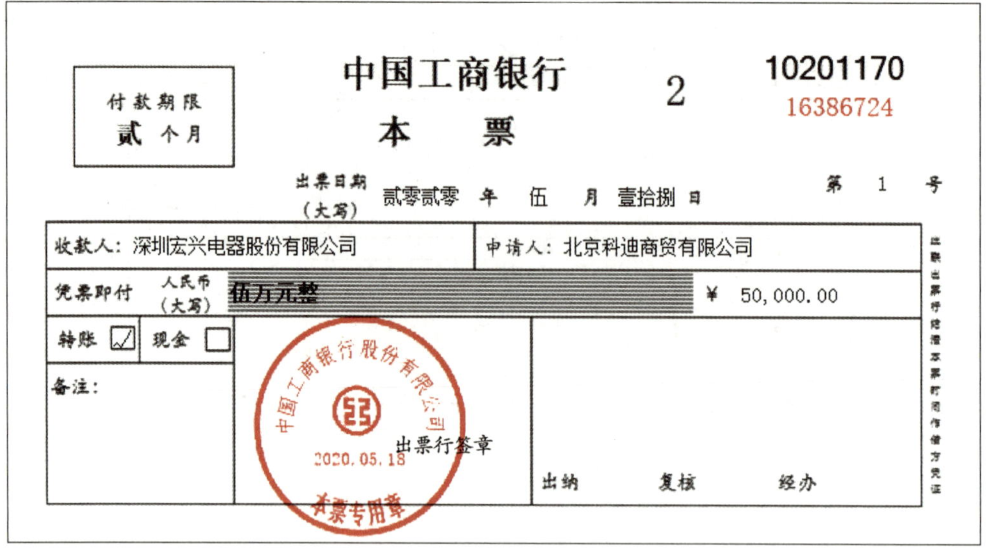

付款期限 贰 个月

中国工商银行 本票 2

10201170
16386724

出票日期（大写） 贰零贰零 年 伍 月 壹拾捌 日　　第 1 号

收款人：深圳宏兴电器股份有限公司		申请人：北京科迪商贸有限公司
凭票即付 人民币（大写） 伍万元整		¥ 50,000.00
转账 ☑ 现金 ☐	出票行签章	
备注：		出纳 复核 经办

此联出票行结清本票时作借方凭证

图 3-3-3 银行本票

三、收款结算业务处理

单位因销售商品或提供劳务收到银行本票。销售单位（收款人）收到银行本票后，在银行本票背面加盖预留银行印鉴，填写进账单，将填写的进账单和已在背面加盖预留银行印鉴的银行本票送交开户银行办理转账，最后由付款人开户行和收款人开户行之间进行资金的划转清算。

知识点

1. 银行本票的背书及转让

（1）持票人向银行提示付款时，应在本票背面“持票人向银行提示付款签章”处加盖预留银行印鉴，并将银行本票、进账单送交开户银行办理转账。

（2）收款人可以将银行本票背书转让。填明“现金”字样的银行本票不得背书转让。

2. 银行本票的挂失

（1）填明“现金”字样的银行本票丧失时。失票人可通知付款人或代理付款人挂失止付。

（2）失票人可以凭人民法院出具的其享有票据权利的证明，向出票银行请求付款或退款。

2020 年 5 月 18 日，北京科迪商贸有限公司向永乐家电商城销售洗衣机 15 台，收到一张永乐家电商城签发的金额为 30 000 元的银行本票，如图 3-3-4 所示。

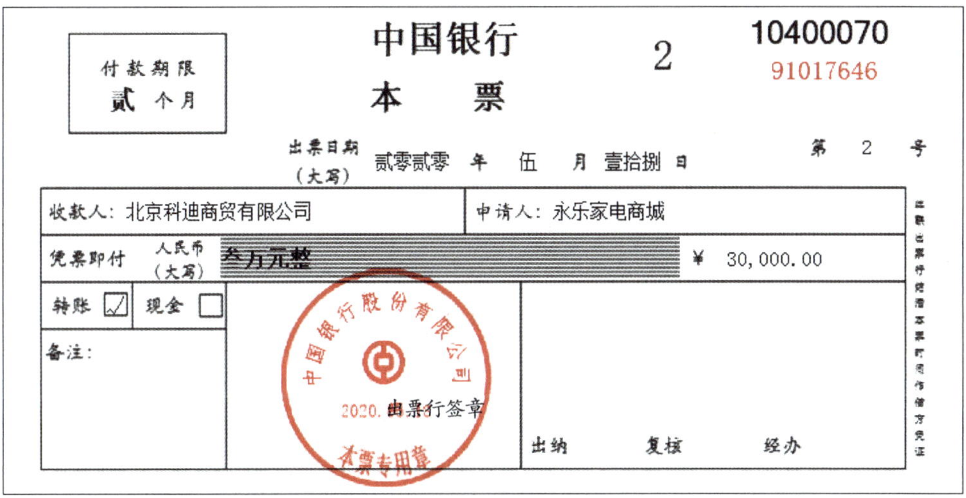

付款期限 贰 个月

中国银行 本 票　2　10400070　91017646

出票日期（大写）贰零贰零 年 伍 月 壹拾捌 日　第 2 号

收款人：北京科迪商贸有限公司	申请人：永乐家电商城
凭票即付 人民币（大写）叁万元整	¥ 30,000.00
转账 ☑　现金 ☐	
备注：	出票行签章　出纳　复核　经办

出联　出票行结清本票时作借方凭证

图 3-3-4　银行本票

出纳持银行本票到其开户银行，填写进账单，连同已在背面加盖预留银行印鉴的银行本票一起交付给银行工作人员办理转账。银行审核无误后转账并退回进账单（回单），如图 3-3-5 所示。

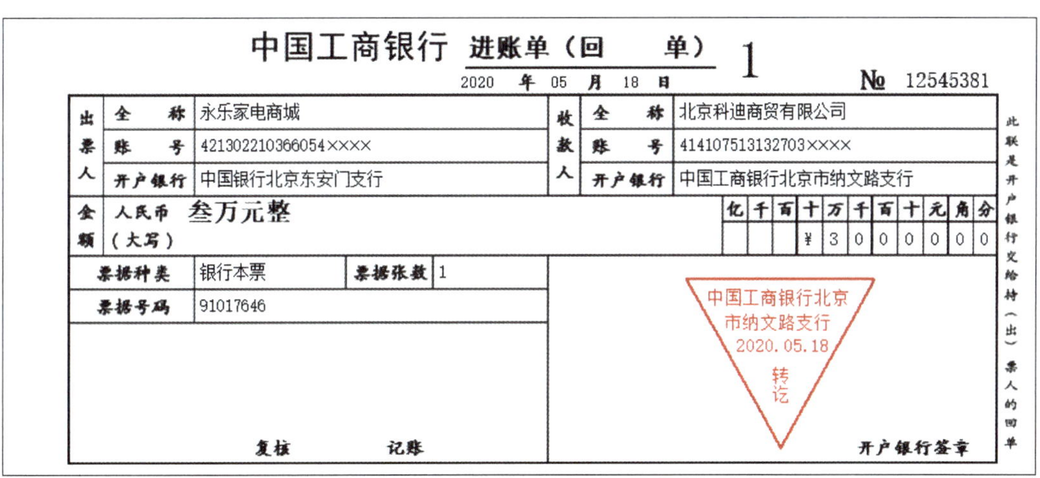

中国工商银行　进账单（回　单）　1

2020 年 05 月 18 日　№ 12545381

出票人	全　称	永乐家电商城	收款人	全　称	北京科迪商贸有限公司
	账　号	421302210366054××××		账　号	414107513132703××××
	开户银行	中国银行北京东安门支行		开户银行	中国工商银行北京市纳文路支行
金额	人民币（大写）	叁万元整		亿千百十万千百十元角分	¥ 3 0 0 0 0 0 0
票据种类	银行本票	票据张数	1		
票据号码	91017646				
复核　记账				开户银行签章	

此联是开户银行交给持（出）票人的回单

图 3-3-5　进账单（回单）

任务四　办理银行汇票业务

【情境导入】

北京科迪商贸有限公司准备向开户银行申请签发金额为 60 000 元的银行汇票，用于

结清向深圳宏兴电器股份有限公司采购电视机的货款 56 500 元，双方约定采用银行汇票的方式支付。同时，北京科迪商贸有限公司收到永乐家电商城支付的出票金额为 33 900 元的银行汇票，需要进行结算。

一、银行汇票基本知识

1. 银行汇票的概念

银行汇票是出票银行签发的，由其在见票时按照实际结算金额无条件支付给收款人或者持票人的票据。

2. 银行汇票的使用范围

单位和个人的各种款项结算均可以使用银行汇票。银行汇票可以用于转账，注明“现金”字样的银行汇票也可以用于支取现金。

3. 银行汇票业务流程

银行汇票业务流程如图 3-4-1 所示。

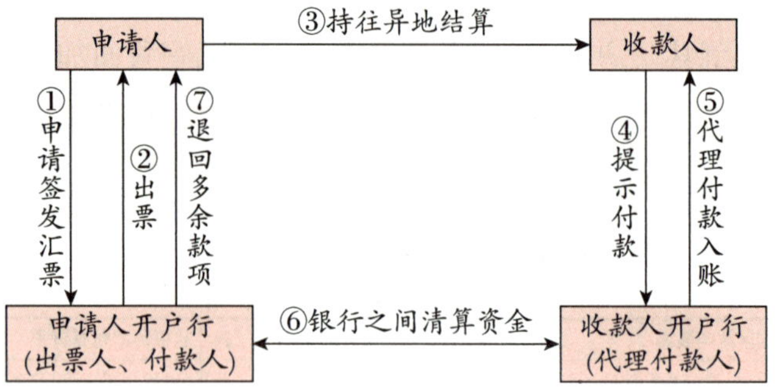

图 3-4-1 银行汇票业务流程

二、付款结算业务处理

1. 申请银行汇票

本任务中，北京科迪商贸有限公司准备向开户银行申请签发金额为 60 000 元的银行汇票，出纳需先到开户银行填制一式三联的汇票申请书，如图 3-4-2 所示。

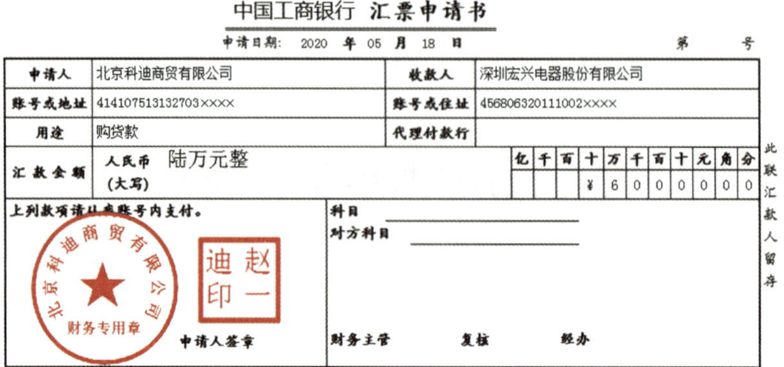

中国工商银行 汇票申请书

申请日期： 2020 年 05 月 18 日　　　　第　　号

申请人	北京科迪商贸有限公司	收款人	深圳宏兴电器股份有限公司
账号或地址	414107513132703××××	账号或住址	456806320111002××××
用途	购货款	代理付款行	
汇款金额	人民币（大写）陆万元整	亿 千 百 十 万 千 百 十 元 角 分	¥ 6 0 0 0 0 0 0
上列款项请从我账号内支付。 （北京科迪商贸有限公司财务专用章）（赵一迪印） 申请人签章		科目 对方科目 财务主管　复核　经办	

此联汇款人留存

图 3-4-2 汇票申请书

汇票申请书的要素及填写要求如下：“申请日期”填写申请银行汇票当天的日期；“申请人”填写申请签发银行汇票的一方；“收款人”填写办理结算的收款方；“用途”根据签发汇票办理结算的实际用途填写；“汇款金额”按照签发的金额填写。

出纳应填明收款人、汇款金额、申请人、申请日期等事项并签章（其签章为预留银行印鉴），将所要汇付的金额从开户银行账户中办理转账或直接将现金交存开户银行。申请人或收款人为单位的，不得在汇票申请书上填明“现金”字样。

2. 签发银行汇票

本任务中，出票银行受理银行汇票申请书，审核无误并收妥款项后，签发银行汇票，并用压数机压印出票金额 60 000 元，将银行汇票第二联（见图 3-4-3）和银行汇票第三联（解讫通知，见图 3-4-4）一并交给出纳。

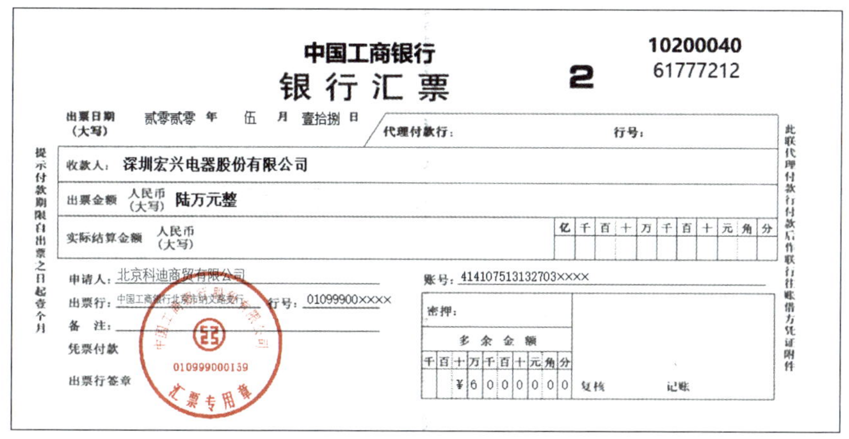

中国工商银行
银行汇票　2
10200040
61777212

出票日期（大写）贰零贰零 年 伍 月 壹拾捌 日　代理付款行：　行号：
收款人：深圳宏兴电器股份有限公司
出票金额　人民币（大写）陆万元整
实际结算金额　人民币（大写）　亿 千 百 十 万 千 百 十 元 角 分
申请人：北京科迪商贸有限公司　账号：414107513132703××××
出票行：中国工商银行北京市纳文路支行　行号：01099900××××
备注：
凭票付款
出票行签章　密押：
多余金额　千 百 十 万 千 百 十 元 角 分　¥ 6 0 0 0 0 0 0　复核　记账
提示付款期限自出票之日起壹个月
此联代理付款行付款后作联行往账借方凭证附件
010999000159 汇票专用章

图 3-4-3　银行汇票第二联

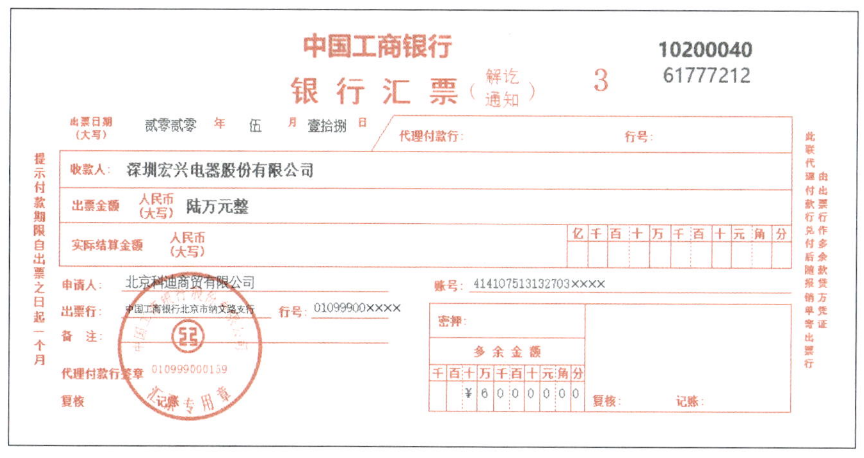

中国工商银行
银行汇票（解讫通知）　3
10200040
61777212

出票日期（大写）贰零贰零 年 伍 月 壹拾捌 日　代理付款行：　行号：
收款人：深圳宏兴电器股份有限公司
出票金额　人民币（大写）陆万元整
实际结算金额　人民币（大写）　亿 千 百 十 万 千 百 十 元 角 分
申请人：北京科迪商贸有限公司　账号：414107513132703××××
出票行：中国工商银行北京市纳文路支行　行号：01099900××××
备注：
代理付款行签章　密押：
复核　多余金额　千 百 十 万 千 百 十 元 角 分　¥ 6 0 0 0 0 0 0　复核：　记账：
提示付款期限自出票之日起一个月
此联代理付款行兑付后随报单寄出票行
由出票行作多余款贷方凭证
010999000159 汇票专用章

图 3-4-4　银行汇票第三联（解讫通知）

3. 持票购物

持票人将银行汇票交付给收款方办理结算，收款方将实际结算金额和多余金额准确、

清晰地填入银行汇票和解讫通知的有关栏内，并开出发票。本任务中，通过银行转来解讫通知（见图 3-4-5）后，出纳要注意核对汇票的实际结算金额和收到的发票金额（见图 3-4-6）是否相符。

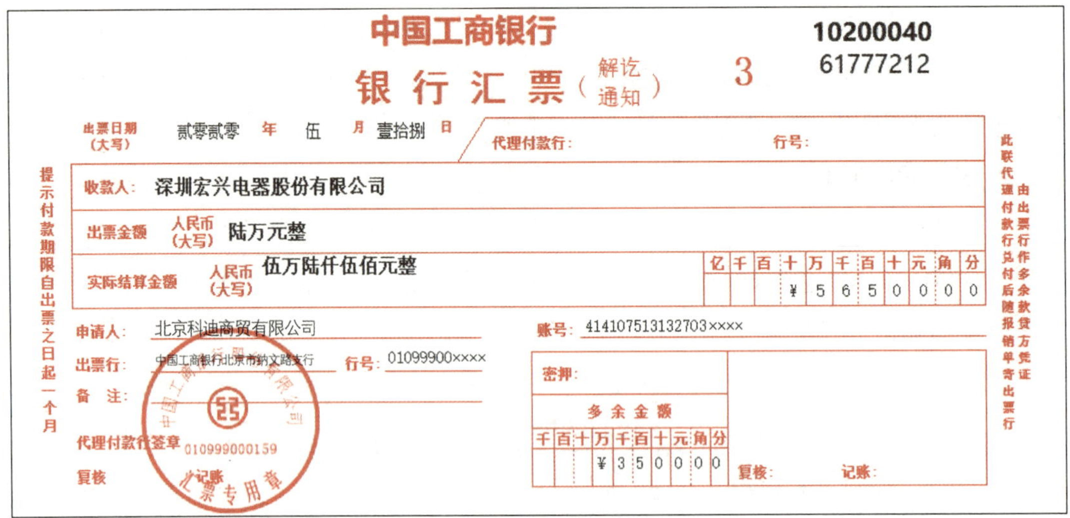

中国工商银行

银 行 汇 票（解讫通知） 3

10200040
61777212

出票日期（大写）：贰零贰零 年 伍 月 壹拾捌 日　　代理付款行：　　行号：

提示付款期限自出票之日起一个月

收款人：深圳宏兴电器股份有限公司

出票金额：人民币（大写）陆万元整

实际结算金额：人民币（大写）伍万陆仟伍佰元整

亿	千	百	十	万	千	百	十	元	角	分
			¥	5	6	5	0	0	0	0

申请人：北京科迪商贸有限公司　　账号：414107513132703××××

出票行：中国工商银行北京市纳文路支行　　行号：01099900××××

备注：　　密押：

代理付款行签章

复核　　记账

多余金额

千	百	十	万	千	百	十	元	角	分
			¥	3	5	0	0	0	0

复核：　　记账：

此联代理付款行付款后随报单寄出票行由出票行作多余款贷方凭证

图 3-4-5　银行汇票第三联（解讫通知）

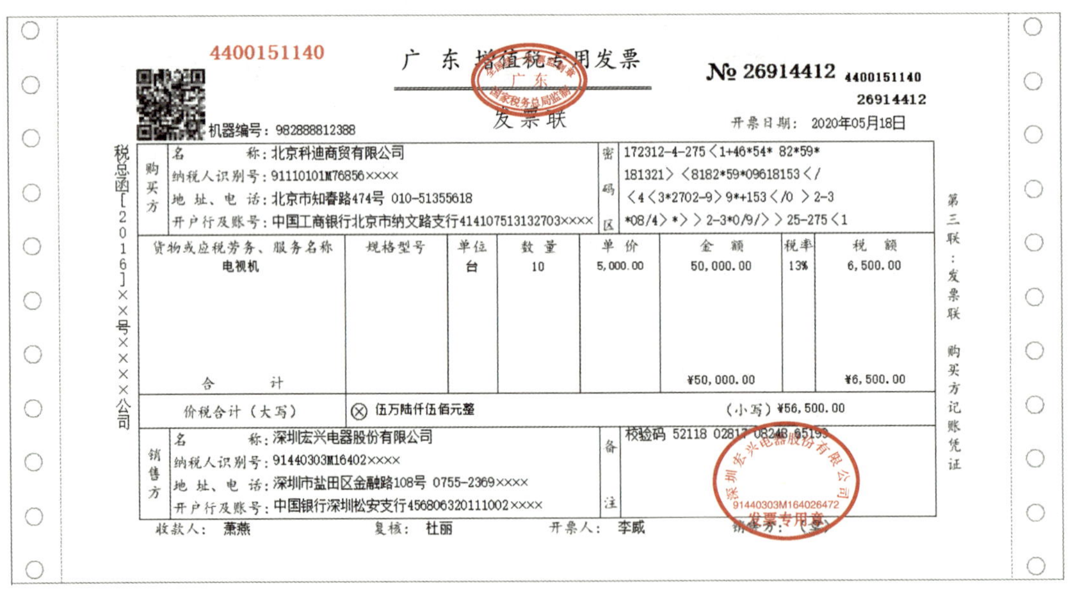

4400151140　　广东增值税专用发票　　№ 26914412　4400151140　26914412

发票联

机器编号：982888812388　　开票日期：2020年05月18日

税总函[2016]××号××××公司

购买方：
名　称：北京科迪商贸有限公司
纳税人识别号：91110101M76856××××
地址、电话：北京市知春路474号 010-51355618
开户行及账号：中国工商银行北京市纳文路支行414107513132703××××

密码区：172312-4-275<1+46*54* 82*59* 181321><8182*59*09618153</ <4<3*2702-9>9*+153</0 >2-3 *08/4>*>>2-3*0/9/>>25-275<1

货物或应税劳务、服务名称	规格型号	单位	数量	单价	金额	税率	税额
电视机		台	10	5,000.00	50,000.00	13%	6,500.00
合　计					¥50,000.00		¥6,500.00

价税合计（大写）：⊗伍万陆仟伍佰元整　　（小写）¥56,500.00

销售方：
名　称：深圳宏兴电器股份有限公司
纳税人识别号：91440303M16402××××
地址、电话：深圳市盐田区金融路108号 0755-2369××××
开户行及账号：中国银行深圳松安支行456806320111002××××

备注：校验码 52118 02817 08248 65195

收款人：萧燕　　复核：杜丽　　开票人：李威　　销售方：（章）

第三联：发票联　购买方记账凭证

图 3-4-6　增值税专用发票

4. 退回多余款

银行汇票的实际结算金额低于出票金额时，其多余金额由出票银行主动退交申请单位账户，并将第四联（多余款收账通知，见图 3-4-7）送交申请单位。

5. 登记日记账

会计根据采购发票等原始凭证编制记账凭证，根据银行汇票第四联（多余款收账通

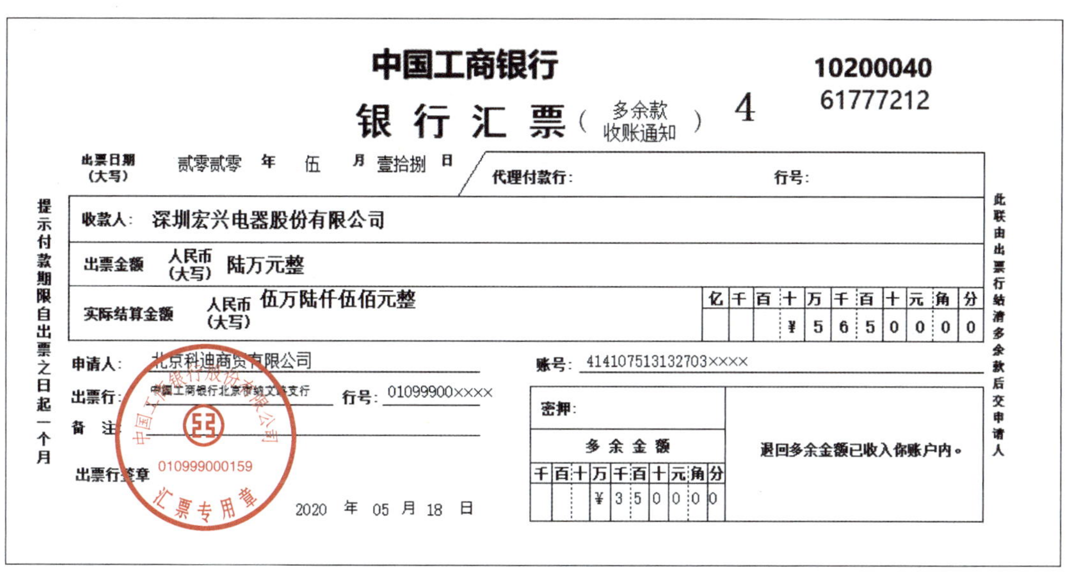

中国工商银行

银行汇票（多余款收账通知） 4

10200040
61777212

出票日期（大写）贰零贰零 年 伍 月 壹拾捌 日　代理付款行：　行号：

提示付款期限自出票之日起一个月

收款人：深圳宏兴电器股份有限公司											
出票金额 人民币（大写）陆万元整											
实际结算金额 人民币（大写）伍万陆仟伍佰元整	亿	千	百	十	万	千	百	十	元	角	分
				¥	5	6	5	0	0	0	0

申请人：北京科迪商贸有限公司　账号：414107513132703××××

出票行：中国工商银行北京市纳文路支行　行号：01099900××××

备　注：

出票行签章　　2020 年 05 月 18 日

密押：

多余金额									
千	百	十	万	千	百	十	元	角	分
			¥	3	5	0	0	0	0

退回多余金额已收入你账户内。

此联由出票行结清多余款后交申请人

印章：中国工商银行股份有限公司 汇票专用章 010999000159

图 3-4-7　银行汇票第四联（多余款收账通知）

知）中的多余金额编制收款凭证，出纳根据审核无误的记账凭证登记银行存款日记账。

三、收款结算业务处理

1. 收到银行汇票并结算

2020 年 5 月 18 日，北京科迪商贸有限公司向永乐家电商城销售 10 台冰箱，开出增值税专用发票（见图 3-4-8），价款为 30 000 元，增值税为 3 900 元，出纳收到永乐家电商城支付的出票金额为 33 900 元的银行汇票。

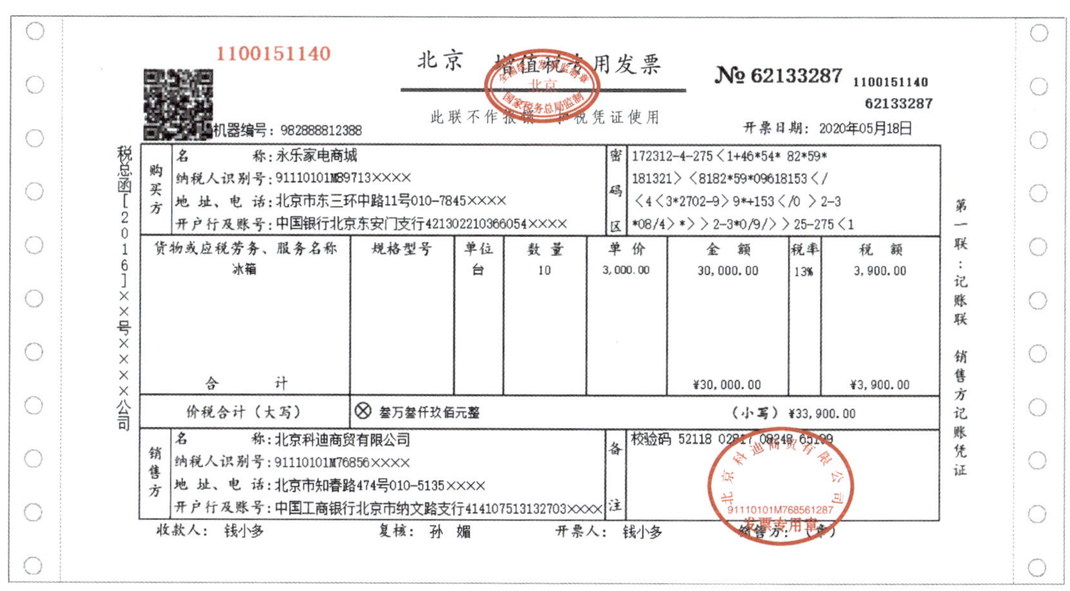

1100151140

北京增值税专用发票

No 62133287　1100151140
62133287

此联不作报销、扣税凭证使用

机器编号：982888812388　开票日期：2020年05月18日

税总函［2016］××号××××公司

购买方	名　　称：永乐家电商城 纳税人识别号：91110101M89713×××× 地 址、电 话：北京市东三环中路11号010-7845×××× 开户行及账号：中国银行北京东安门支行421302210366054××××			密码区	172312-4-275＜1+46*54* 82*59* 181321＞＜8182*59*09618153＜/ ＜4＜3*2702-9＞9*+153＜/0 ＞2-3 *08/4＞*＞＞2-3*0/9/＞＞25-275＜1		
货物或应税劳务、服务名称	规格型号	单位	数量	单价	金额	税率	税额
冰箱		台	10	3,000.00	30,000.00	13%	3,900.00
合　计					¥30,000.00		¥3,900.00
价税合计（大写）	⊗叁万叁仟玖佰元整				（小写）¥33,900.00		
销售方	名　　称：北京科迪商贸有限公司 纳税人识别号：91110101M76856×××× 地 址、电 话：北京市知春路474号010-5135×××× 开户行及账号：中国工商银行北京市纳文路支行414107513132703××××			备注	校验码 52118 02817 08248 65199		

收款人：钱小多　复核：孙　媚　开票人：钱小多　销售方：（章）

第一联：记账联　销售方记账凭证

印章：北京科迪商贸有限公司 91110101M768561287 发票专用章

图 3-4-8　增值税专用发票

出纳收到银行汇票后应认真审核，审核无误后在出票金额以内，根据实际结算需要

的款项办理结算，并将第二联（银行汇票）、第三联（解讫通知）和填制的进账单（见图 3-4-9）提交给开户银行办理进账手续。

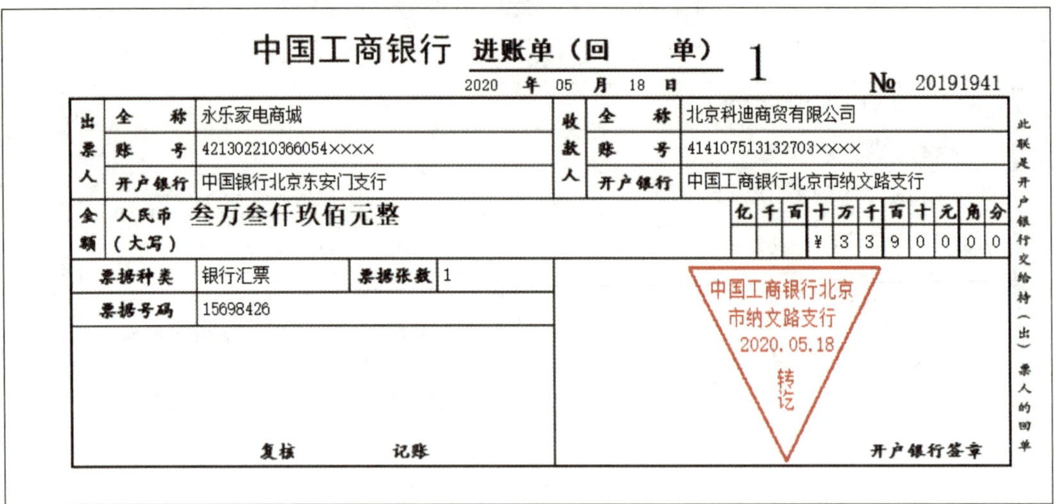

中国工商银行 进账单（回 单） 1

2020 年 05 月 18 日 № 20191941

出票人	全 称	永乐家电商城	收款人	全 称	北京科迪商贸有限公司
	账 号	421302210366054××××		账 号	414107513132703××××
	开户银行	中国银行北京东安门支行		开户银行	中国工商银行北京市纳文路支行
金额	人民币（大写）	叁万叁仟玖佰元整		亿千百十万千百十元角分	¥3390000
票据种类	银行汇票	票据张数	1		
票据号码	15698426				
复核	记账			开户银行签章	

中国工商银行北京市纳文路支行 2020.05.18 转讫

此联是开户银行交给持（出）票人的回单

图 3-4-9 中国工商银行进账单（回单）

2. 背书结算

收到银行汇票后，持票人可以向银行提示付款并办理转账。收款人也可以将银行汇票背书转让，背书转让以不超过出票金额的实际结算金额为准。未填写实际结算金额或实际结算金额超过出票金额的银行汇票不得背书转让。填明“现金”字样的银行汇票不得背书转让。

知识点

银行汇票的提示付款期限为自出票日起 1 个月。持票人超过提示付款期限提示付款的，代理付款人（审核支付汇票款项的银行）不予受理。

填明“现金”字样和代理付款人的银行汇票丧失，可以由失票人通知付款人或者代理付款人挂失支付。未填明“现金”字样和代理付款人的银行汇票丧失，不得挂失支付。

银行汇票丧失，失票人可以凭人民法院出具的其享有票据权利的证明，向出票银行请求付款或退款。

3. 登记日记账

（1）银行汇票向银行提示付款办理进账的，出纳将回单交给会计编制记账凭证。

（2）背书转让给其他单位的，将背书好的银行汇票正反面复印，复印件交给会计编制记账凭证。

出纳根据审核无误的记账凭证登记银行存款日记账。

任务五　办理商业汇票业务

【情境导入】

北京科迪商贸有限公司有一笔货款要支付，但现金不够，需要去银行申请一张银行承兑汇票。

一、商业汇票基本知识

1. 商业汇票的概念

商业汇票是一种由出票人签发的，委托付款人在指定日期无条件支付确定金额给收款人或者持票人的票据。根据承兑人不同，商业汇票分为商业承兑汇票和银行承兑汇票。商业汇票结算方式既可以用于同城结算，也可用于异地结算。

2. 商业汇票的有关规定

（1）申请

单位领购商业汇票必须填写票据和结算凭证领用单并签章，签章应与预留银行印鉴相符。存款账户结清时，必须将全部剩余空白商业汇票交回银行注销。

（2）适用范围

在银行开立存款账户的法人及其他组织之间，具有真实的交易关系或债权债务关系的，可以使用商业汇票。

（3）有效期

商业汇票的付款期限最长不得超过 6 个月。商业汇票应在汇票到期日起 10 日内提示付款。持票人应在提示付款期限内通过开户银行委托收款或直接向付款人提示付款。持票人超过提示付款期限提示付款的，持票人开户银行不予受理。

（4）挂失

已承兑的商业汇票丧失，失票人可通知付款人或代理付款人挂失支付。在挂失支付后 3 日，也可以在票据丧失后，向人民法院申请公示催告或提起诉讼。付款人在收到挂失止付通知之前已经向持票人付款的，不再承担责任。如果付款人和代理付款人自收到挂失止付通知之日起 12 日内没有收到人民法院的止付通知，自第 13 日起，持票人提示付款且付款人依法向持票人付款的，不再承担责任。

二、商业承兑汇票

1. 概念

商业承兑汇票是商业汇票的一种，是指收款人开出经付款人承兑，或由付款人开出并承兑的汇票。

商业承兑汇票的出票人为在银行开立存款账户的法人或其他组织，可以由银行以外的付款人签发并承兑，票样如图 3-5-1 和图 3-5-2 所示，也可以由收款人签发并交由银行以外的付款人承兑（较少应用）。

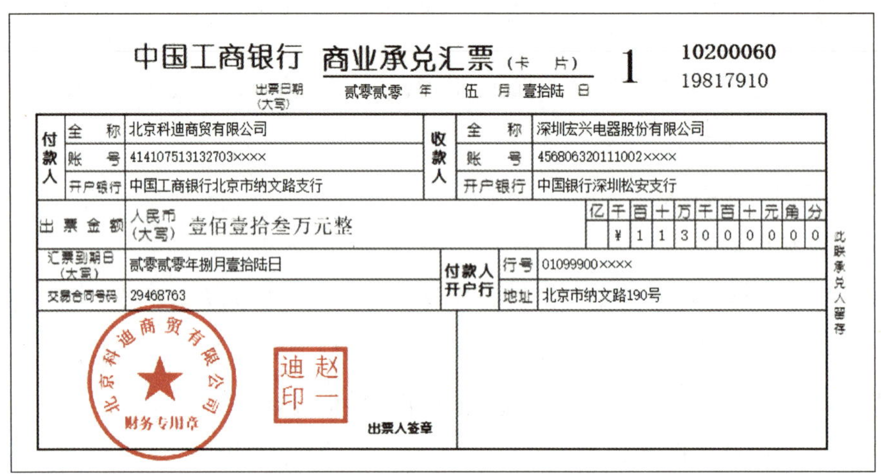

中国工商银行 商业承兑汇票（卡 片） 1

10200060
19817910

出票日期（大写） 贰零贰零 年 伍 月 壹拾陆 日

付款人 全称	北京科迪商贸有限公司	收款人 全称	深圳宏兴电器股份有限公司
账号	414107513132703××××	账号	456806320111002××××
开户银行	中国工商银行北京市纳文路支行	开户银行	中国银行深圳松安支行
出票金额	人民币（大写） 壹佰壹拾叁万元整	亿千百十万千百十元角分	¥ 1 1 3 0 0 0 0 0 0
汇票到期日（大写）	贰零贰零年捌月壹拾陆日	付款人开户行 行号	01099900××××
交易合同号码	29468763	地址	北京市纳文路190号

北京科迪商贸有限公司 财务专用章　赵一 迪印

出票人签章

此联承兑人留存

图 3-5-1　商业承兑汇票票样 1

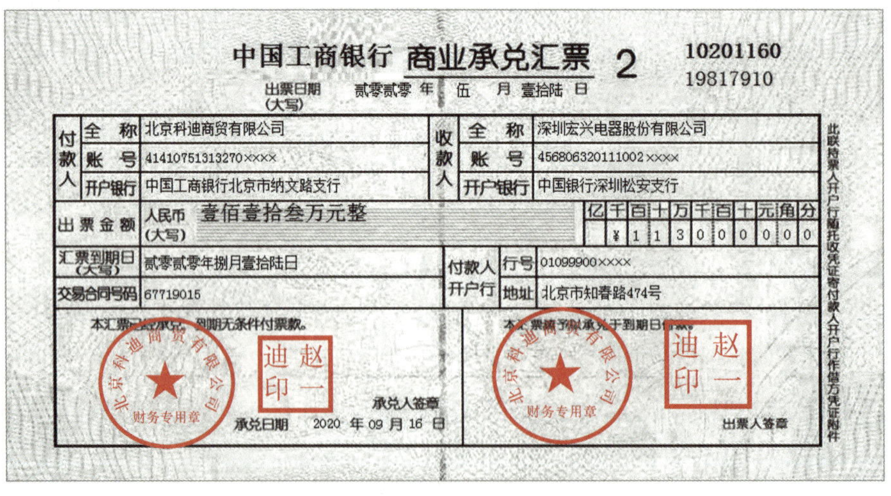

中国工商银行 商业承兑汇票 2

10201160
19817910

出票日期（大写） 贰零贰零 年 伍 月 壹拾陆 日

付款人 全称	北京科迪商贸有限公司	收款人 全称	深圳宏兴电器股份有限公司
账号	41410751313270××××	账号	456806320111002××××
开户银行	中国工商银行北京市纳文路支行	开户银行	中国银行深圳松安支行
出票金额	人民币（大写） 壹佰壹拾叁万元整	亿千百十万千百十元角分	¥ 1 1 3 0 0 0 0 0 0
汇票到期日（大写）	贰零贰零年捌月壹拾陆日	付款人开户行 行号	01099900××××
交易合同号码	67719015	地址	北京市知春路474号

本汇票已经承兑，到期无条件付票款。北京科迪商贸有限公司 财务专用章　赵一 迪印

承兑人签章

承兑日期 2020 年 09 月 16 日

本汇票请予以承兑于到期日付款。北京科迪商贸有限公司 财务专用章　赵一 迪印

出票人签章

此联持票人开户行随托收凭证寄付款人开户行作借方凭证附件

图 3-5-2　商业承兑汇票票样 2

2. 商业承兑汇票业务流程

商业承兑汇票业务流程如图 3-5-3 所示。

3. 付款结算业务处理

2020 年 5 月 16 日，北京科迪商贸有限公司向深圳宏兴电器股份有限公司采购空调一

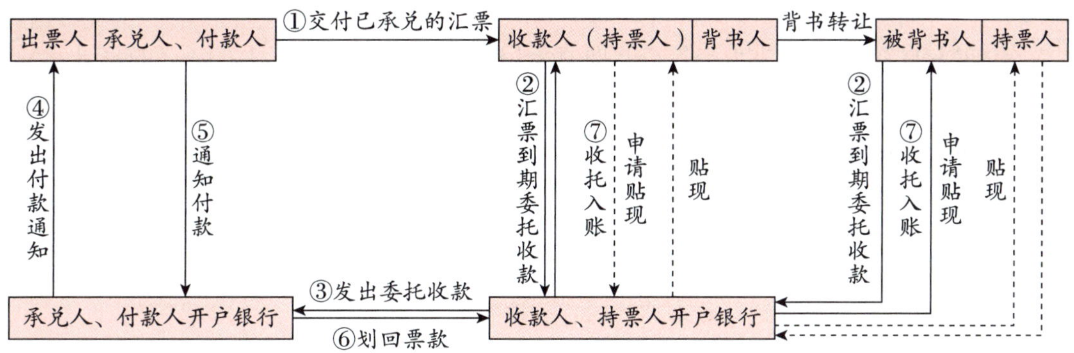

图 3-5-3　商业承兑汇票业务流程

批，商品已验收入库。相关单据采购发票如图 3-5-4 所示，入库单如图 3-5-5 所示。

4400151140　　广东增值税专用发票　　№ 78548491　4400151140　78548491

发票联

机器编号：982888812388　　开票日期：2020年05月16日

税总函[2016]××号××××公司

购买方	名　　称：北京科迪商贸有限公司 纳税人识别号：91110101M76856×××× 地址、电话：北京市知春路474号010-5135×××× 开户行及账号：中国工商银行北京市纳文路支行414107513132703××××	密码区	172312-4-275＜1+46*54* 82*59* 181321＞＜8182*59*09618153＜/ ＜4＜3*2702-9＞9*+153＜/0＞2-3 *08/4＞*＞＞2-3*0/9/＞＞25-275＜1

货物或应税劳务、服务名称	规格型号	单位	数量	单价	金额	税率	税额
空调		台	400	2,500.00	1,000,000.00	13%	130,000.00
合　　计					¥1,000,000.00		¥130,000.00
价税合计（大写）	⊗ 壹佰壹拾叁万元整				（小写）¥1,130,000.00		

销售方	名　　称：深圳宏兴电器股份有限公司 纳税人识别号：91440303M16402×××× 地址、电话：深圳市盐田区金融路108号 开户行及账号：中国银行深圳松安支行456806320111002××××	备注	校验码 52118 02817 08248 65198

收款人：萧燕　　复核：杜丽　　开票人：李威　　销售方：（章）

第三联：发票联　购买方记账凭证

图 3-5-4　增值税专用发票

入　库　单　　No. 55534417

供货单位：深圳宏兴电器股份有限公司　　2020 年 05 月 16 日

编号	品名	规格	单位	数量	单价	金额	备注
	空调		台	400	2,500.00	1,000,000.00	
合			计			1,000,000.00	

仓库主管：马文　　记账：孙媚　　保管：　　经手人：　　制单：李红

图 3-5-5　入库单

（1）签发商业承兑汇票

出纳根据增值税专用发票签发一张面值 1 130 000 元、期限 3 个月的不带息商业承兑汇票，用来支付上述采购空调的货款，如图 3-5-6 所示（此联次由签发单位编制有关凭证）。商业承兑汇票必须记载下列事项：表明“商业承兑汇票”的字样、无条件支付的委托、确定的金额、付款人名称、收款人名称、出票日期、出票人签章。

注意：图 3-5-1 联次由承兑人留存，到期支付票款时作借方凭证附件；图 3-5-2 联次由收款人开户行向承兑银行收取票款时作为联行往来凭证附件，可用于背书转让。

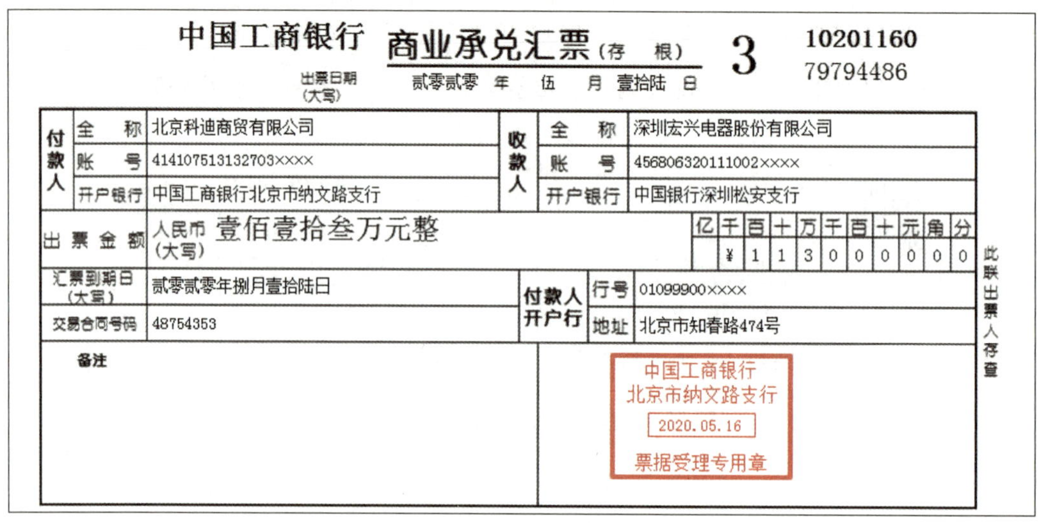

中国工商银行 商业承兑汇票（存　根） 3 10201160 79794486

出票日期（大写） 贰零贰零 年 伍 月 壹拾陆 日

付款人	全　称	北京科迪商贸有限公司	收款人	全　称	深圳宏兴电器股份有限公司
	账　号	414107513132703××××		账　号	456806320111002××××
	开户银行	中国工商银行北京市纳文路支行		开户银行	中国银行深圳松安支行

出票金额	人民币（大写）壹佰壹拾叁万元整	亿	千	百	十	万	千	百	十	元	角	分
			¥	1	1	3	0	0	0	0	0	0

汇票到期日（大写）	贰零贰零年捌月壹拾陆日	付款人开户行	行号	01099900××××
交易合同号码	48754353		地址	北京市知春路474号
备注				

中国工商银行 北京市纳文路支行 2020.05.16 票据受理专用章

此联出票人存查

图 3-5-6　商业承兑汇票（存根）

（2）支付票款

2020 年 8 月 16 日，上述签发的商业承兑汇票到期，支付票款。付款通知如图 3-5-7 所示。

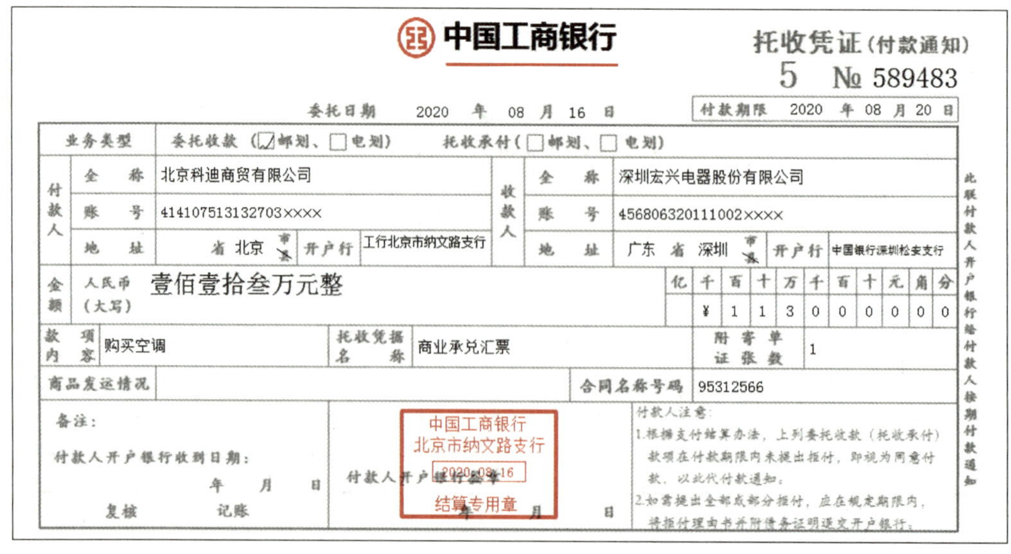

中国工商银行 托收凭证（付款通知） 5 № 589483

委托日期 2020 年 08 月 16 日　　付款期限 2020 年 08 月 20 日

业务类型	委托收款（☑邮划、□电划）		托收承付（□邮划、□电划）		
付款人 全　称	北京科迪商贸有限公司		收款人 全　称	深圳宏兴电器股份有限公司	
账　号	414107513132703××××		账　号	456806320111002××××	
地　址	省 北京 市县	开户行 工行北京市纳文路支行	地　址	广东 省 深圳 市县	开户行 中国银行深圳松安支行

金额	人民币（大写）壹佰壹拾叁万元整	亿	千	百	十	万	千	百	十	元	角	分
			¥	1	1	3	0	0	0	0	0	0

款项内容	购买空调	托收凭据名称	商业承兑汇票	附寄单证张数	1
商品发运情况			合同名称号码	95312566	

备注：

付款人开户银行收到日期：　年　月　日

复核　　记账

付款人开户银行签章　年　月　日

中国工商银行 北京市纳文路支行 2020.08.16 结算专用章

付款人注意：

1.根据支付结算办法，上列委托收款（托收承付）款项在付款期限内未提出拒付，即视为同意付款，以此代付款通知。

2.如需提出全部或部分拒付，应在规定期限内，将拒付理由书并附债务证明退交开户银行。

此联付款人开户银行给付款人按期付款通知

图 3-5-7　托收凭证（付款通知）

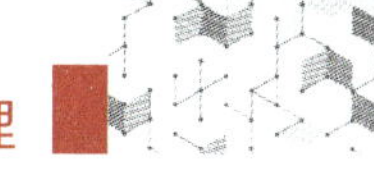

如有问题，北京科迪商贸有限公司应在收到付款通知之日起3日内填写拒付理由书交开户银行。若到期时无款支付，银行不垫付款项，北京科迪商贸有限公司将到期没付款的部分转应付账款处理。

（3）登记日记账

会计根据采购发票等原始凭证编制记账凭证，出纳根据审核无误的记账凭证登记银行存款日记账。

4. 收款结算业务处理

（1）收到商业承兑汇票并办理结算

2020年5月20日，北京科迪商贸有限公司销售20台冰箱，开出增值税专用发票（见图3-5-8），收到一张永乐家电商城支付货款的商业承兑汇票一张（见图3-5-9）。出纳收到商业承兑汇票后应认真审核，然后交专人妥善保管。

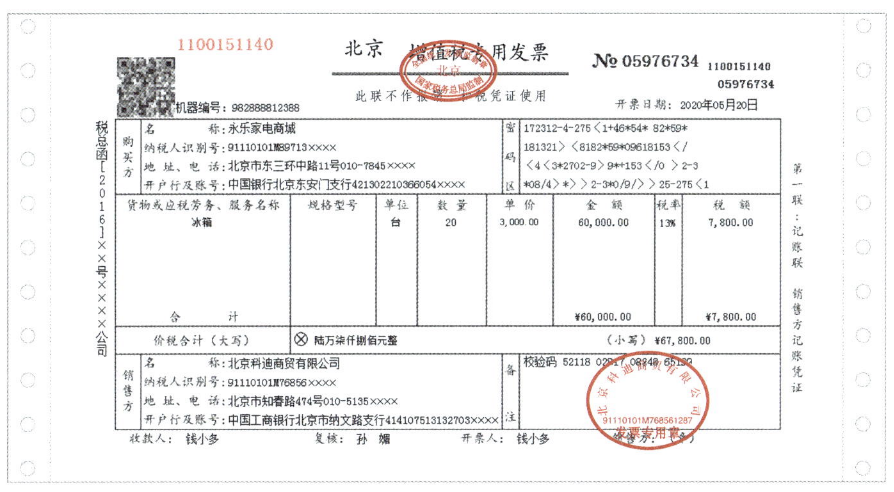

1100151140　北京　增值税专用发票　№ 05976734　1100151140　05976734

机器编号：982888812388　此联不作报销、扣税凭证使用　开票日期：2020年05月20日

购买方	名　称：永乐家电商城 纳税人识别号：91110101M89713×××× 地址、电话：北京市东三环中路11号010-7845×××× 开户行及账号：中国银行北京东安门支行421302210366054××××			密码区	172312-4-275＜1+46*54* 82*59* 181321＞＜8182*59*09618153＜/ ＜4＜3*2702-9＞9*+153＜/0 ＞2-3 *08/4＞*＞＞2-3*0/9/＞＞25-275＜1		
货物或应税劳务、服务名称	规格型号	单位	数量	单价	金额	税率	税额
冰箱		台	20	3,000.00	60,000.00	13%	7,800.00
合　计					¥60,000.00		¥7,800.00
价税合计（大写）	⊗陆万柒仟捌佰元整				（小写）¥67,800.00		
销售方	名　称：北京科迪商贸有限公司 纳税人识别号：91110101M76856×××× 地址、电话：北京市知春路474号010-5135×××× 开户行及账号：中国工商银行北京市纳文路支行414107513132703××××			备注	校验码 52118 02917 08248 65120		

收款人：钱小多　复核：孙媚　开票人：钱小多　销售方：（章）

税总函[2016]××号××××公司

第一联：记账联　销售方记账凭证

图3-5-8　增值税专用发票

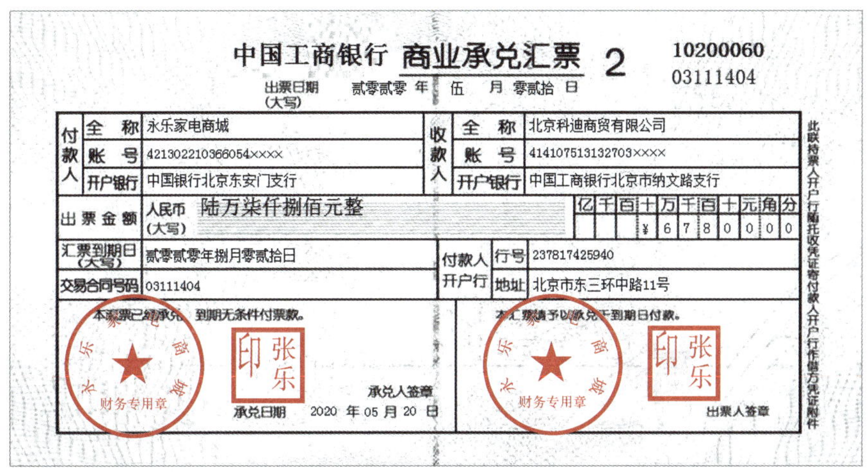

中国工商银行　商业承兑汇票　2　10200060　03111404

出票日期（大写）　贰零贰零年伍月零贰拾日

付款人	全称	永乐家电商城	收款人	全称	北京科迪商贸有限公司
	账号	421302210366054××××		账号	414107513132703××××
	开户银行	中国银行北京东安门支行		开户银行	中国工商银行北京市纳文路支行
出票金额	人民币（大写）	陆万柒仟捌佰元整			¥6780000
汇票到期日（大写）		贰零贰零年捌月零贰拾日	付款人开户行	行号	237817425940
交易合同号码		03111404		地址	北京市东三环中路11号
本汇票已经承兑，到期无条件付票款。承兑人签章　承兑日期 2020年05月20日			本汇票请予以承兑于到期日付款。出票人签章		

此联持票人开户行随托收凭证寄付款人开户行作借方凭证附件

图3-5-9　商业承兑汇票

8 月 20 日，出纳持到期票据到银行办理结算，将第二联（商业承兑汇票，见图 3-5-9）、第三联（解讫通知）和填制的进账单（见图 3-5-10）提交给开户银行办理进账手续。

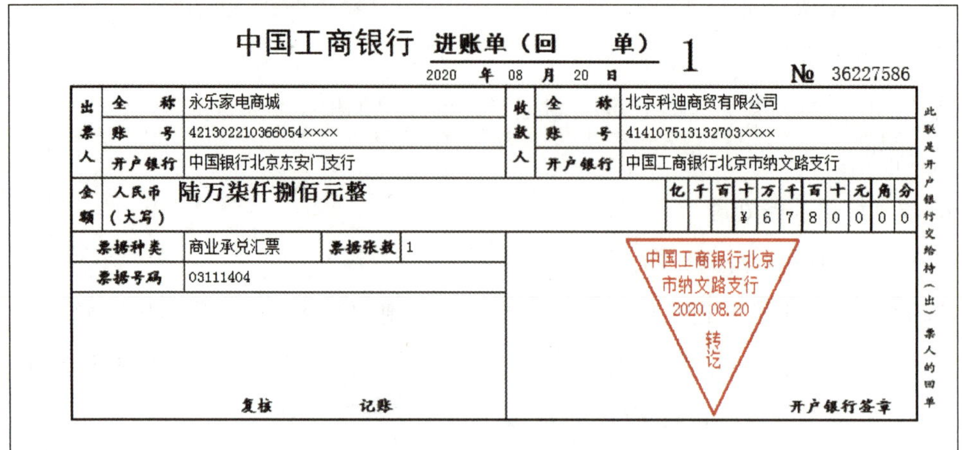

中国工商银行 进账单（回 单） 1

2020 年 08 月 20 日　　№ 36227586

出票人	全称	永乐家电商城	收款人	全称	北京科迪商贸有限公司
	账号	421302210366054××××		账号	414107513132703××××
	开户银行	中国银行北京东安门支行		开户银行	中国工商银行北京市纳文路支行

金额	人民币（大写）	亿	千	百	十	万	千	百	十	元	角	分
	陆万柒仟捌佰元整				¥	6	7	8	0	0	0	0

票据种类	商业承兑汇票	票据张数	1
票据号码	03111404		

复核　　记账

中国工商银行北京市纳文路支行 2020.08.20 转讫

开户银行签章

此联是开户银行交给持（出）票人的回单

图 3-5-10　进账单

知识点

贴现是一种票据转让行为，也是银行向持票人融通资金的一种形式。符合条件的商业汇票持票人可持未到期的商业汇票连同贴现凭证向银行申请贴现，月贴现率由国家统一规定。

商业汇票贴现利息 = 商业汇票到期金额×贴现日利率×贴现天数

（2）登记日记账

出纳将回单交给会计编制记账凭证，并根据审核无误的记账凭证登记银行存款日记账。如果票据背书转让给其他单位，需将背书好的商业承兑汇票正反面复印，复印件交给会计编制记账凭证。

三、银行承兑汇票

1. 概念

银行承兑汇票是商业汇票的一种，是指由在承兑银行开立存款账户的存款人签发，向开户银行申请并经银行审查同意承兑的，保证在指定日期无条件支付确定的金额给收款人或持票人的票据。

2. 银行承兑汇票业务流程

银行承兑汇票业务流程如图 3-5-11 所示。

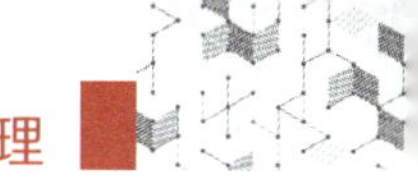

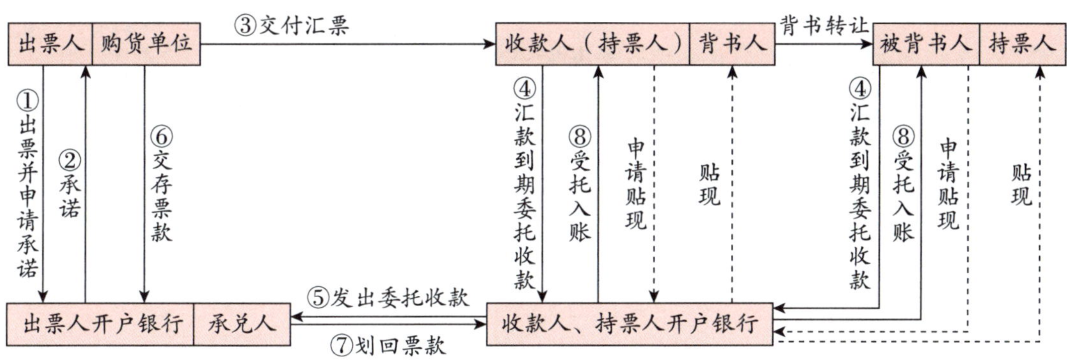

图 3-5-11　银行承兑汇票业务流程

知识点

银行承兑汇票应由在承兑银行开立存款账户的存款人签发，并由银行承兑。银行承兑后按票面金额的万分之五向出票人收取手续费。

出票人于汇票到期日未能足额交存票款时，承兑银行除凭票向持票人无条件付款外，对出票人尚未支付的票面金额按照每天万分之五计收利息。

3. 付款业务结算处理

（1）签发银行承兑汇票

2020 年 5 月 19 日，北京科迪商贸有限公司开出一张面值 2 260 000 元、期限 4 个月的不带息银行承兑汇票，向天津辰建电器有限公司采购电视机一批，商品已经入库，入库单如图 3-5-12 所示，采购发票如图 3-5-13 所示，银行承兑汇票如图 3-5-14 所示。

入　库　单　　No. 70222505

供货单位：天津辰建电器有限公司　　2020 年 05 月 19 日

编号	品名	规格	单位	数量	单价	金额	备注
	电视机		台	500	4,000.00	2,000,000.00	
合		计				2,000,000.00	

仓库主管：张兰　记账：孙媚　保管：徐欣怡　经手人：徐欣怡　制单：徐欣怡

图 3-5-12　入库单

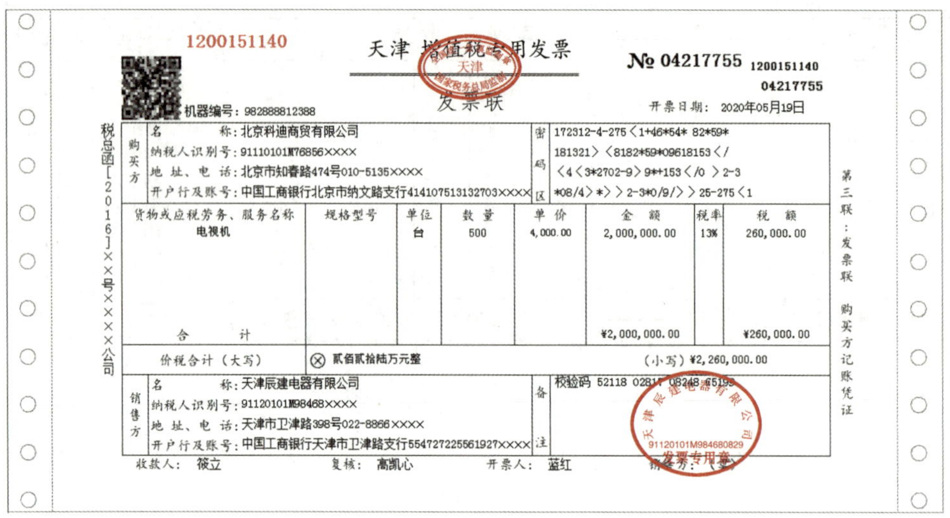

1200151140

天津增值税专用发票

发票联

№ 04217755　1200151140　04217755

机器编号：982888812388　　开票日期：2020年05月19日

购买方	名　　称：北京科迪商贸有限公司 纳税人识别号：91110101M76856×××× 地址、电话：北京市知春路474号010-5135×××× 开户行及账号：中国工商银行北京市纳文路支行414107513132703××××	密码区	172312-4-275 <1+46*54* 82*59* 181321> <8182*59*09618153 </ <4 <3*2702-9> 9*+153 </0 >2-3 *08/4> *> >2-3*0/9/> >25-275 <1

货物或应税劳务、服务名称	规格型号	单位	数量	单价	金额	税率	税额
电视机		台	500	4,000.00	2,000,000.00	13%	260,000.00
合　计					¥2,000,000.00		¥260,000.00
价税合计（大写）	⊗ 贰佰贰拾陆万元整				（小写）¥2,260,000.00		

销售方	名　　称：天津辰建电器有限公司 纳税人识别号：91120101M98468×××× 地址、电话：天津市卫津路398号022-8866×××× 开户行及账号：中国工商银行天津市卫津路支行554727225561927××××	备注	校验码 52118 02817 08248 65195

收款人：筱立　　复核：高凯心　　开票人：蓝红　　销售方：（章）

税总函［2016］××号××××公司

第三联：发票联　购买方记账凭证

图 3-5-13　采购发票

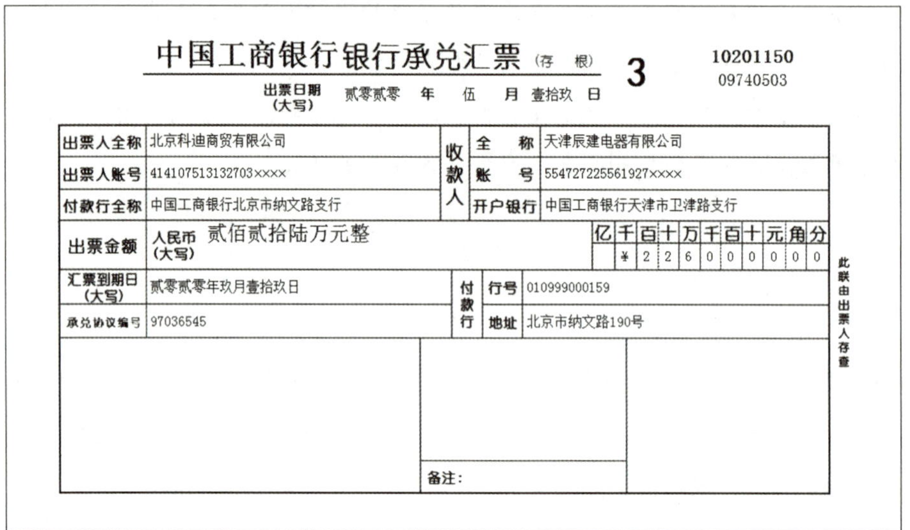

中国工商银行银行承兑汇票（存根）　3　　10201150　09740503

出票日期（大写）贰零贰零　年　伍　月　壹拾玖　日

出票人全称	北京科迪商贸有限公司	收款人	全　称	天津辰建电器有限公司
出票人账号	414107513132703××××		账　号	554727225561927××××
付款行全称	中国工商银行北京市纳文路支行		开户银行	中国工商银行天津市卫津路支行
出票金额	人民币（大写）贰佰贰拾陆万元整		亿千百十万千百十元角分	¥ 2 2 6 0 0 0 0 0 0
汇票到期日（大写）	贰零贰零年玖月壹拾玖日	付款行	行号	010999000159
承兑协议编号	97036545		地址	北京市纳文路190号
		备注：		

此联由出票人存查

图 3-5-14　银行承兑汇票

知识点

银行承兑汇票必须记载下列事项：表明银行承兑汇票的字样、无条件支付的委托、确定金额、付款人名称、收款人名称、出票日期、出票人签章。

（2）支付手续费

5 月 19 日，北京科迪商贸有限公司持签发的银行承兑汇票向开户银行申请承兑，银

行收取手续费 1 130 元，并开具付款通知书（见图 3-5-15），第二联交由出票单位。

知识点

对公客户银行承兑汇票手续费的服务收费价格标准为：按票面金额的 0.05%～0.1%收取。办理电子银行承兑汇票的，目前并没有统一规定电子银行承兑手续费，各个银行执行不同的标准。

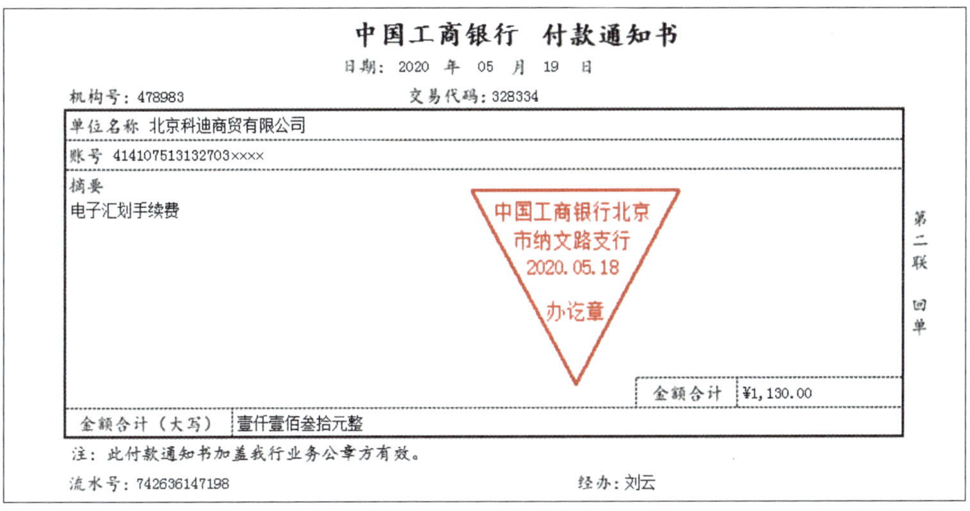

中国工商银行 付款通知书

日期：2020 年 05 月 19 日

机构号：478983　　交易代码：328334

单位名称 北京科迪商贸有限公司	
账号 414107513132703××××	
摘要 电子汇划手续费	
	金额合计 ¥1,130.00
金额合计（大写）	壹仟壹佰叁拾元整

中国工商银行北京市纳文路支行 2020.05.18 办讫章

第二联 回单

注：此付款通知书加盖我行业务公章方有效。

流水号：742636147198　　经办：刘云

图 3-5-15 付款通知书

（3）存入保证金

2020 年 5 月 19 日，根据付款行要求，北京科迪商贸有限公司需要存入银行承兑汇票票面金额 50%的保证金。出纳签发一张转账支票（见图 3-5-16），并填制进账单（见图 3-5-17），将款项从基本存款户中转入保证金账户。然后将相关票据交给会计进行账务处理。

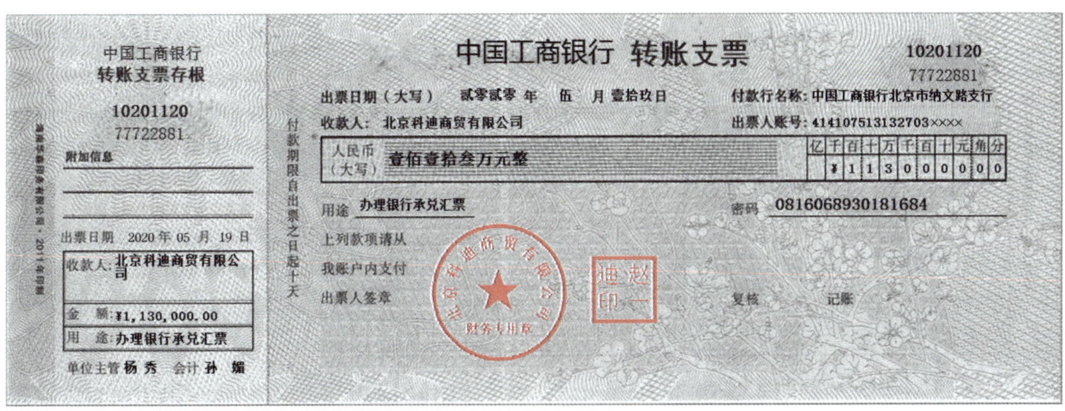

中国工商银行
转账支票存根
10201120
77722881
附加信息
出票日期 2020 年 05 月 19 日
收款人：北京科迪商贸有限公司
金额：¥1,130,000.00
用途：办理银行承兑汇票
单位主管 杨秀　会计 孙娟

中国工商银行 转账支票　10201120　77722881

出票日期（大写） 贰零贰零 年 伍 月 壹拾玖日　付款行名称：中国工商银行北京市纳文路支行

收款人：北京科迪商贸有限公司　出票人账号：414107513132703××××

付款期限自出票之日起十天

人民币（大写）	亿	千	百	十	万	千	百	十	元	角	分
壹佰壹拾叁万元整		¥	1	1	3	0	0	0	0	0	0

用途 办理银行承兑汇票　密码 0816068930181684

上列款项请从我账户内支付

出票人签章　北京科迪商贸有限公司 财务专用章　赵迪印

复核　记账

图 3-5-16 转账支票

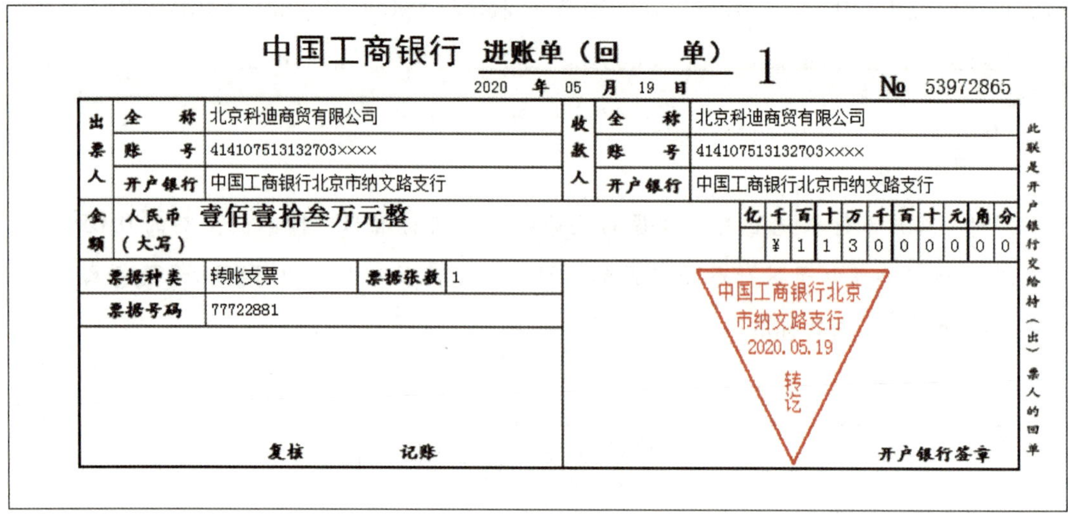

中国工商银行 进账单（回 单） 1

2020 年 05 月 19 日　　№ 53972865

出票人	全称	北京科迪商贸有限公司	收款人	全称	北京科迪商贸有限公司
	账号	414107513132703××××		账号	414107513132703××××
	开户银行	中国工商银行北京市纳文路支行		开户银行	中国工商银行北京市纳文路支行
金额	人民币（大写）	壹佰壹拾叁万元整		亿千百十万千百十元角分	¥113000000
票据种类	转账支票	票据张数	1		
票据号码	77722881				
复核	记账		开户银行签章		

中国工商银行北京市纳文路支行 2020.05.19 转讫

此联是开户银行交给持（出）票人的回单

图 3-5-17　进账单

（4）支付票款

2020 年 9 月 19 日，北京科迪商贸有限公司 5 月 19 日开出的银行承兑汇票到期，北京科迪商贸有限公司开户银行划转票款。

银行承兑汇票到期前，出纳要向开户银行中国工商银行北京市纳文路支行交存足额票款。承兑银行在汇票到期日后的见票当日支付票款。承兑银行从出票企业账户收取票款后出具支付通知，出纳根据银行交来的特种转账借方凭证（见图 3-5-18）编制付款凭证，然后进行账务处理。

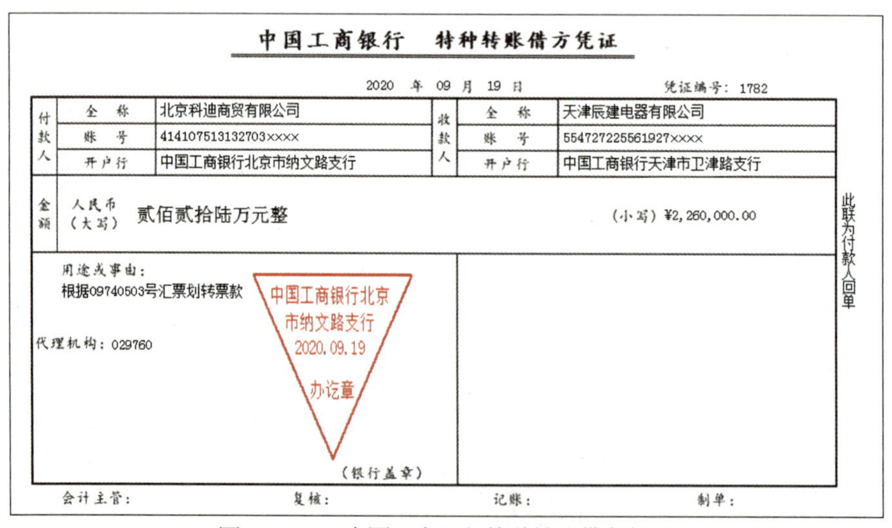

中国工商银行　特种转账借方凭证

2020 年 09 月 19 日　　凭证编号：1782

付款人	全称	北京科迪商贸有限公司	收款人	全称	天津辰建电器有限公司
	账号	414107513132703××××		账号	554727225561927××××
	开户行	中国工商银行北京市纳文路支行		开户行	中国工商银行天津市卫津路支行
金额	人民币（大写）	贰佰贰拾陆万元整		（小写）	¥2,260,000.00

用途或事由：根据09740503号汇票划转票款

代理机构：029760

中国工商银行北京市纳文路支行 2020.09.19 办讫章

（银行盖章）

会计主管：　复核：　记账：　制单：

此联为付款人回单

图 3-5-18　中国工商银行特种转账借方凭证

（5）登记日记账

会计根据采购发票等原始凭证编制记账凭证，出纳根据审核无误的记账凭证登记银行存款日记账。

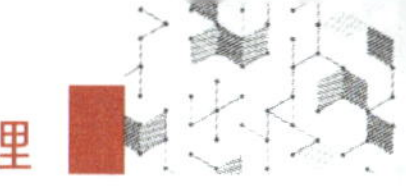

银行承兑汇票的收款结算业务处理与上述商业承兑汇票的收款结算业务处理相似，此处不再赘述。银行承兑汇票是银行信用，商业承兑汇票是商业信用，一般来讲，银行承兑汇票的信用等级和支付效率都高于商业承兑汇票。

小提示

电子商业汇票主要是指人民银行统一推广的，以数据电文形式制作的商业汇票，按承兑人不同，分为电子银行承兑汇票和电子商业承兑汇票两种。电子商业汇票的签发、流转和兑付等各个环节均依托中国人民银行开发建设的电子商业汇票系统完成。与纸质商业汇票相比，电子商业汇票以电子形式代替实体票据，以电子签名代替实体签章，以网络传输代替人工传递，以计算机录入代替手工书写。

作为电子商业汇票的依托，电子商业汇票系统有三个主要功能。一是电子商业汇票业务处理功能，它可以实现电子商业汇票的托管，业务信息的接收、存储和转发，以及电子商业汇票有关的资金清算和信息服务。二是纸质商业汇票登记查询功能，以及处理纸质商业汇票的登记和查询业务。三是商业汇票公开报价查询功能，处理纸质商业汇票和电子商业汇票的公开报价业务。

任务六　委托收款

【情境导入】

北京科迪商贸有限公司 2020 年 5 月 20 日向永乐家电商城销售 5 台空调，按合同规定，采用委托收款的方式结算。

一、委托收款基本知识

1. 委托收款的概念

委托收款是收款人委托银行向付款人收取款项的结算方式。根据结算款项划回方式不同，委托收款分为邮划和电划两种方式，收款单位出纳可根据到账时间、手续费等因素选用。

2. 委托收款使用范围

凡在银行或其他金融机构开立账户的单位和个体经济户的商品交易，公用事业单位向用户收取水电费、邮电费、煤气费、公房租金等劳务款项以及其他应收款项，无论是同城还是异地，均可使用委托收款的结算方式。

3. 委托收款业务流程

委托收款业务流程如图 3-6-1 所示。

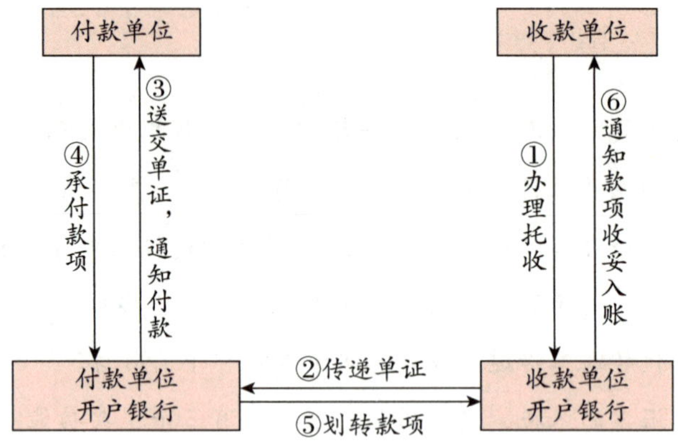

图 3-6-1　委托收款业务流程

二、收款结算业务处理

本任务中，北京科迪商贸有限公司 2020 年 5 月 20 日向永乐家电商城销售 5 台空调，增值税专用发票如图 3-6-2 所示。

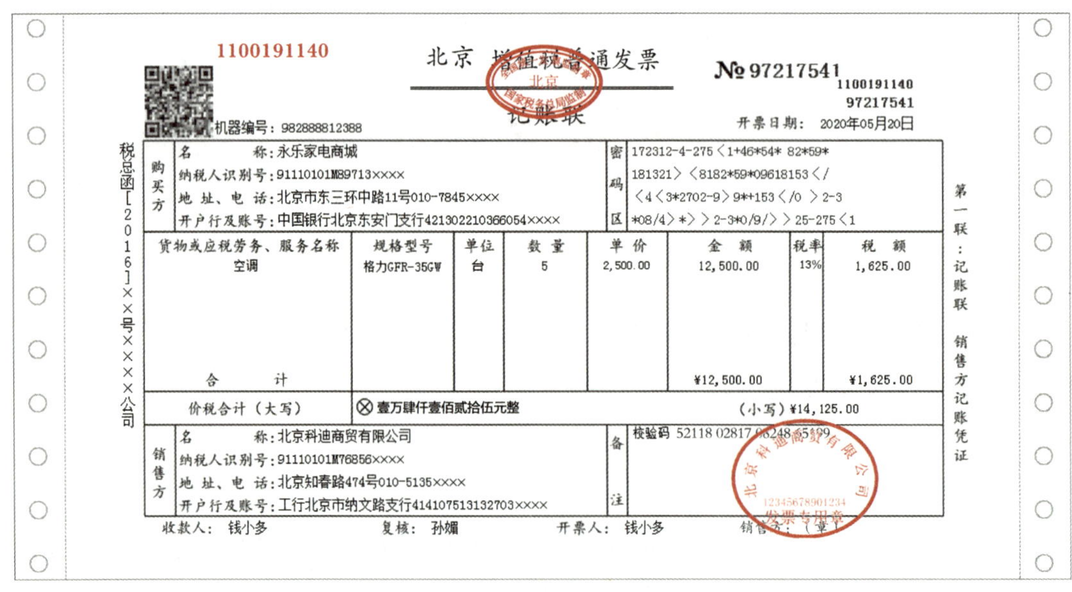

1100191140

北京 增值税普通发票

记账联

№ 97217541　1100191140　97217541

机器编号：982888812388

开票日期：2020年05月20日

购买方	名称：永乐家电商城 纳税人识别号：91110101M89713×××× 地址、电话：北京市东三环中路11号010-7845×××× 开户行及账号：中国银行北京东安门支行421302210366054××××	密码区	172312-4-275 <1+46*54* 82*59* 181321> <8182*59*09618153</ <4<3*2702-9>9*+153</0 >2-3 *08/4>*> >2-3*0/9/> >25-275<1

货物或应税劳务、服务名称	规格型号	单位	数量	单价	金额	税率	税额
空调	格力GFR-35GW	台	5	2,500.00	12,500.00	13%	1,625.00
合计					¥12,500.00		¥1,625.00
价税合计（大写）	⊗壹万肆仟壹佰贰拾伍元整				（小写）¥14,125.00		

销售方	名称：北京科迪商贸有限公司 纳税人识别号：91110101M76856×××× 地址、电话：北京知春路474号010-5135×××× 开户行及账号：工行北京市纳文路支行414107513132703××××	备注	校验码 52118 02817 08248 65199

收款人：钱小多　复核：孙媚　开票人：钱小多　销售方：（章）

税总函[2016]××号××××公司

第一联：记账联　销售方记账凭证

图 3-6-2　增值税专用发票

1. 填写托收凭证

出纳按要求填制一式五联的托收凭证，第二联加盖财务专用章和法人章后，将托收凭证和增值税专用发票提交开户银行。

2. 缴纳银行结算业务手续费

办理委托收款业务，根据选择托收方式缴纳相应手续费，收到银行的业务收费凭证，如图 3-6-3 所示。

中国工商银行业务收费凭证

币别：人民币　　2020 年 05 月 20 日　　流水号：866059435391065034

付款人	北京科迪商贸有限公司		账号	414107513132703665l	
项目名称	工本费	手续费	电子汇划费	其他	金额
委托收款		1.00	10.00		11.00
金额（大写）	壹拾壹元整				¥11.00
付款方式	转账				

中国工商银行北京市纳文路支行 2020.05.20 办讫章

会计主管　　授权　　复核　　记账

图 3-6-3　业务收费凭证

3. 银行受理

银行审核后，在第一联加盖业务章后退回。出纳将受理回单（见图 3-6-4）交给会计做增加销售业务的凭证。

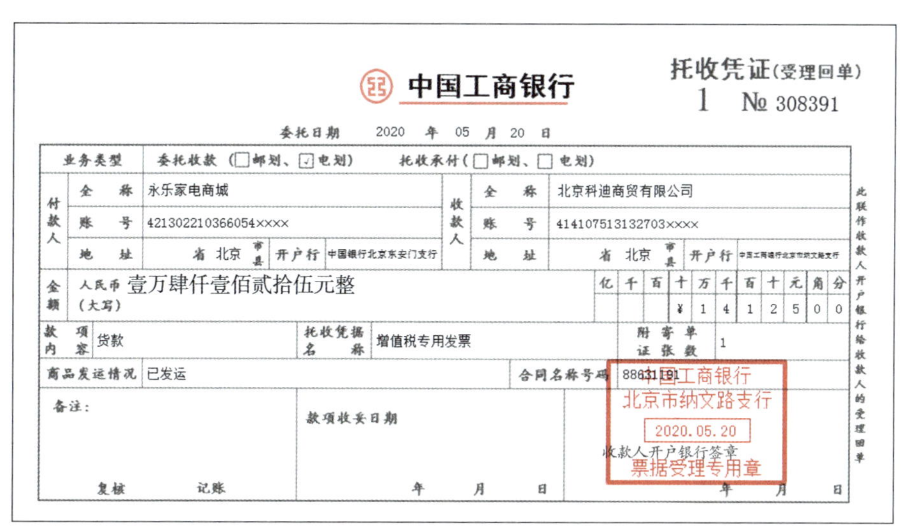

中国工商银行　托收凭证（受理回单）　1　№ 308391

委托日期 2020 年 05 月 20 日

业务类型：委托收款（□邮划、☑电划）　托收承付（□邮划、□电划）

付款人　全称：永乐家电商城　账号：421302210366054××××　地址：北京 省/市/县　开户行：中国银行北京东安门支行

收款人　全称：北京科迪商贸有限公司　账号：414107513132703××××　地址：北京 省/市/县　开户行：中国工商银行北京市纳文路支行

金额　人民币（大写）：壹万肆仟壹佰贰拾伍元整　¥14125.00

款项内容：货款　托收凭据名称：增值税专用发票　附寄单证张数：1

商品发运情况：已发运　合同名称号码：88631191

备注：　款项收妥日期　年 月 日

复核　记账

收款人开户银行签章　中国工商银行北京市纳文路支行 2020.05.20 票据受理专用章　年 月 日

此联作收款人开户银行给收款人的受理回单

图 3-6-4　托收凭证（受理回单）

托收凭证中应填写以下事项：表明“委托收款”的字样，选择“邮划”或“电划”；付款人名称、账号和开户银行名称；收款人名称、账号和开户银行名称；确定的金额；托收附寄单证张数或册数；合同名称和号码；委托日期；收款单位的财务专用章和法人章。

4. 收到款项

5 月 23 日，出纳收到托收款项通知（见图 3-6-5），根据收款通知核对单位名称和金额等信息，核对无误后将回单交给会计做收款凭证，审核后出纳登记银行存款日记账。

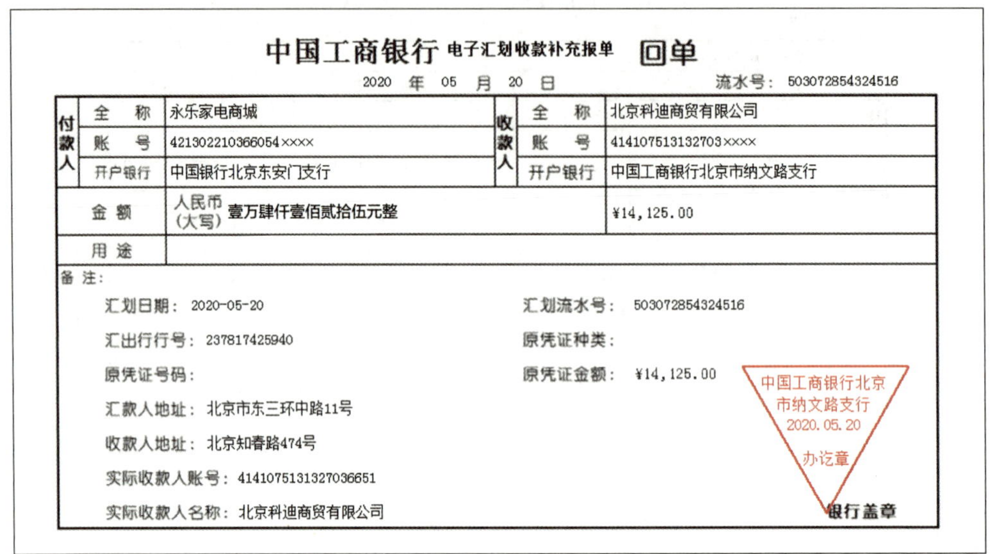

中国工商银行 电子汇划收款补充报单 回单

2020 年 05 月 20 日　　流水号：503072854324516

付款人	全　称	永乐家电商城	收款人	全　称	北京科迪商贸有限公司
	账　号	421302210366054××××		账　号	414107513132703××××
	开户银行	中国银行北京东安门支行		开户银行	中国工商银行北京市纳文路支行
金额		人民币（大写）壹万肆仟壹佰贰拾伍元整			¥14,125.00
用途					

备注：

汇划日期：2020-05-20　　汇划流水号：503072854324516

汇出行行号：237817425940　　原凭证种类：

原凭证号码：　　原凭证金额：¥14,125.00

汇款人地址：北京市东三环中路11号

收款人地址：北京知春路474号

实际收款人账号：4141075131327036651

实际收款人名称：北京科迪商贸有限公司

中国工商银行北京市纳文路支行 2020.05.20 办讫章

银行盖章

图 3-6-5　电子汇划收款补充报单

三、付款结算业务处理

5 月 20 日，出纳收到银行转来的托收凭证（付款通知），支付深圳宏兴电器股份有限公司余款 20 000 元，如图 3-6-6 所示。

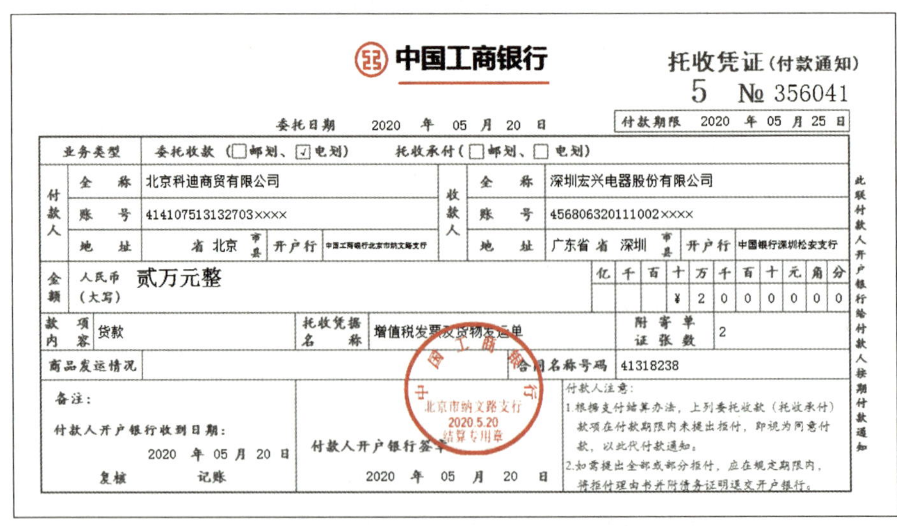

中国工商银行　托收凭证（付款通知）

5　№ 356041

委托日期　2020 年 05 月 20 日　　付款期限　2020 年 05 月 25 日

业务类型	委托收款（□邮划、☑电划）　托收承付（□邮划、□电划）					
付款人	全　称	北京科迪商贸有限公司	收款人	全　称	深圳宏兴电器股份有限公司	
	账　号	414107513132703××××		账　号	456806320111002××××	
	地　址	省 北京 市/县　开户行 中国工商银行北京市纳文路支行		地　址	广东省 省 深圳 市/县　开户行 中国银行深圳松安支行	
金额	人民币（大写）贰万元整				亿 千 百 十 万 千 百 十 元 角 分	¥ 2 0 0 0 0 0 0
款项内容	货款	托收凭据名称	增值税发票及货物发运单	附寄单证张数	2	
商品发运情况			合同名称号码	41318238		

备注：

付款人开户银行收到日期：2020 年 05 月 20 日

复核　　记账

付款人开户银行签章　2020 年 05 月 20 日

中国工商银行 北京市纳文路支行 2020.5.20 结算专用章

付款人注意：

1.根据支付结算办法，上列委托收款（托收承付）款项在付款期限内未提出拒付，即视为同意付款，以此代付款通知。

2.如需提出全部或部分拒付，应在规定期限内，将拒付理由书并附债务证明退交开户银行。

此联付款人开户银行给付款人按期付款通知

图 3-6-6　托收凭证（付款通知）

出纳查看有关债务证明，核对企业名称和金额等信息，核对无误后通知银行付款，同时将付款凭单转给会计做付款业务的凭证，经审核后，出纳登记银行存款日记账。

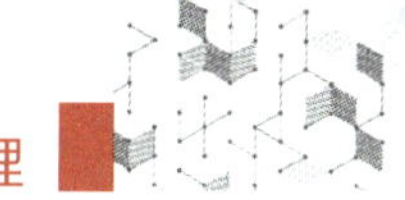

知识点

付款人承付款项的有关规定

1. 付款人收到开户银行转来的托收凭证后，应于接到付款通知的当日通知银行付款，若付款人未在接到通知的次日起三日内通知银行付款，视同付款人同意付款，银行将于付款人接到通知的次日起第四日上午开始营业时，将款项主动划给收款人。

2. 若付款人存款账户不足支付或无款支付的，出纳应通过被委托银行向收款人发出未付款通知书，收款人收到开户银行转来的有关单证和未付款通知书，应立即与付款人联系协商解决。

3. 若付款人审查有关债务证明后，对收款人委托收款的款项需要拒绝付款的，企业出纳应在接到通知的次日起三日内出具拒绝证明，持有债务证明的，应将其送交开户银行，由开户银行寄给被委托银行转交收款人。

任务七　托收承付

【情境导入】

采购人员赵刚拿着办好的付款申请单到财务部，申请办理托收承付，支付货款。

一、托收承付基本知识

1. 托收承付的概念

托收承付是根据购销合同由收款人发货后委托银行向异地付款人收取款项，由付款人向银行承认付款的结算方式。托收承付这一结算方式只能用于异地货款结算，不能在同城范围内使用。托收承付结算款项的划回方法分邮寄和电报两种，由收款人选用。

2. 托收承付的相关规定

托收承付结算每笔的金额起点为 10 000 元。新华书店系统每笔的金额起点为 1 000 元。

办理托收承付结算的款项必须是商品交易，以及因商品交易而产生的劳务供应的款项。代销、寄销、赊销商品的款项不得办理托收承付结算。

使用托收承付结算方式的收款单位和付款单位必须是国有企业、供销合作社，以及经营管理较好，并经开户银行审查同意的城乡集体所有制工业企业。

收付双方使用托收承付结算必须签有符合《中华人民共和国经济合同法》的购销合

同，并在合同上订明使用托收承付结算方式。

收付双方办理托收承付结算，必须重合同、守信用。

收款人办理托收，必须具有商品确已发运的证件（包括铁路、航运、公路等运输部门签发的运单或运单副本，以及邮局包裹回执）。

3. 托收承付业务流程

托收承付业务流程如图 3-7-1 所示。

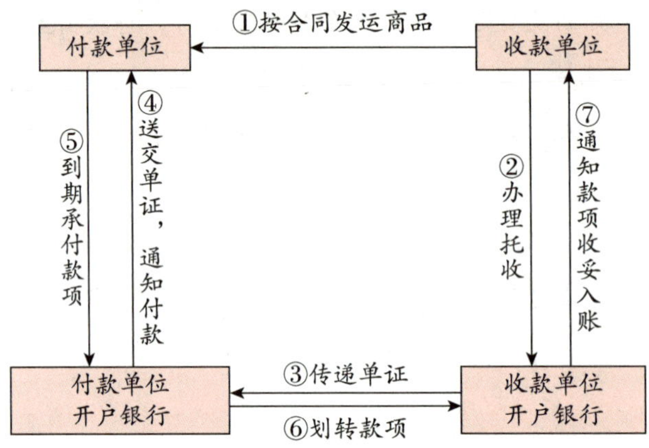

图 3-7-1　托收承付业务流程

二、收款结算业务处理

1. 发运商品

2020 年 5 月 21 日，北京科迪商贸有限公司根据合同向永乐家电商城销售商品并开具增值税专用发票（见图 3-7-2），委托物流公司发运商品并开具运费增值税专用发票（见图 3-7-3），利用银行存款支付代垫运费 654 元（见图 3-7-4）。

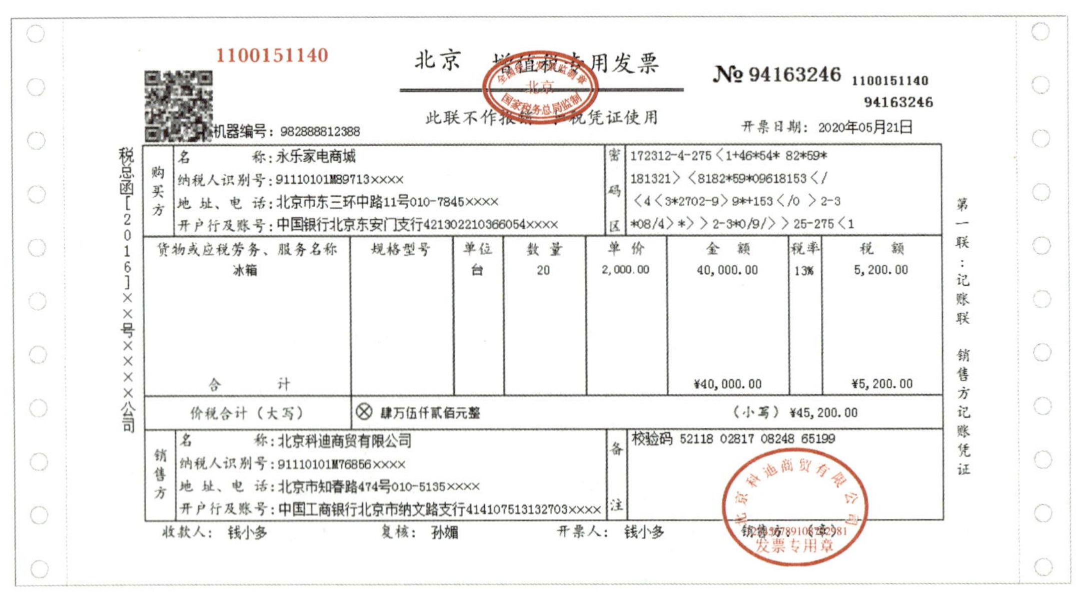

1100151140　　北京　增值税专用发票　　№ 94163246　1100151140　94163246

此联不作报销、扣税凭证使用

机器编号：982888812388　　开票日期：2020年05月21日

购买方	名　　称：永乐家电商城 纳税人识别号：91110101M89713×××× 地址、电话：北京市东三环中路11号010-7845×××× 开户行及账号：中国银行北京东安门支行421302210366054××××	密码区	172312-4-275＜1+46*54* 82*59* 181321＞＜8182*59*09618153＜/ ＜4＜3*2702-9＞9*+153＜/0 ＞2-3 *08/4＞*＞＞2-3*0/9/＞＞25-275＜1

货物或应税劳务、服务名称	规格型号	单位	数量	单价	金额	税率	税额
冰箱		台	20	2,000.00	40,000.00	13%	5,200.00
合　　计					¥40,000.00		¥5,200.00
价税合计（大写）	⊗肆万伍仟贰佰元整				（小写）¥45,200.00		

销售方	名　　称：北京科迪商贸有限公司 纳税人识别号：91110101M76856×××× 地址、电话：北京市知春路474号010-5135×××× 开户行及账号：中国工商银行北京市纳文路支行414107513132703××××	备注	校验码 52118 02817 08248 65199

收款人：钱小多　　复核：孙媚　　开票人：钱小多　　销售方：（章）

税总函［2016］××号××××公司

第一联：记账联　销售方记账凭证

图 3-7-2　销货增值税专用发票

1100151140

北京增值税专用发票

北京

国家税务总局监制

发票联

№ 44525117　1100151140

44525117

机器编号：982888812388

开票日期：2020年05月21日

税总函[2016]××号××××公司

购买方	名称：永乐家电商城 纳税人识别号：91110101MB9713×××× 地址、电话：北京市东三环中路11号010-7845×××× 开户行及账号：中国银行北京东安门支行421302210366054××××	密码区	172312-4-275＜1+46*54* 82*59* 181321＞＜8182*59*09618153＜/ ＜4＜3*2702-9＞9*+153＜/0 ＞2-3 *08/4＞*＞＞2-3*0/9/＞＞25-275＜1

货物或应税劳务、服务名称	规格型号	单位	数量	单价	金额	税率	税额
运费			1	600.00	600.00	9%	54.00
合计					¥600.00		¥54.00
价税合计（大写）	⊗陆佰伍拾肆元整				（小写）¥654.00		

销售方	名称：北京众逸物流有限公司 纳税人识别号：91130201M57281×××× 地址、电话：北京市黄马路299号010-8996×××× 开户行及账号：中国工商银行北京大兴支行143346104264627××××	备注	校验码 52118 02817 08248 65199

收款人：何雄　　复核：何英　　开票人：何雄

北京众逸物流有限公司 发票专用章

第三联：发票联　购买方记账凭证

图 3-7-3　运费增值税专用发票

中国工商银行

转账支票存根

10201120

31460909

附加信息

出票日期 2020 年 05 月 21 日

收款人：	北京众逸物流有限公司
金　额：	¥654.00
用　途：	代垫运费

单位主管 杨秀　　会计 孙媚

××印务有限公司·××年印制

图 3-7-4　转账支票存根联

2. 办理托收

收款人按照签订的购销合同发货后，委托银行办理托收。

出纳按要求填制一式五联的托收凭证，在第二联加盖财务专用章和法人章，将托收凭证及发运证件或其他符合托收承付结算的证明和交易单证交给银行。

收款人开户银行接到托收凭证及其附件后，应当按照托收的范围、条件和托收凭证记载的要求认真进行审查，必要时，还应查验收付款人签订的购销合同。凡不符合要求或违反购销合同发货的，不能办理。审查时间最长不得超过次日。

出纳委托银行办理托收，当天拿到托收凭证受理回单（见图 3-7-5）及业务收费凭证（见图 3-7-6），将其交给会计编制记账凭证，并根据审核无误的记账凭证登记银行存款日记账。

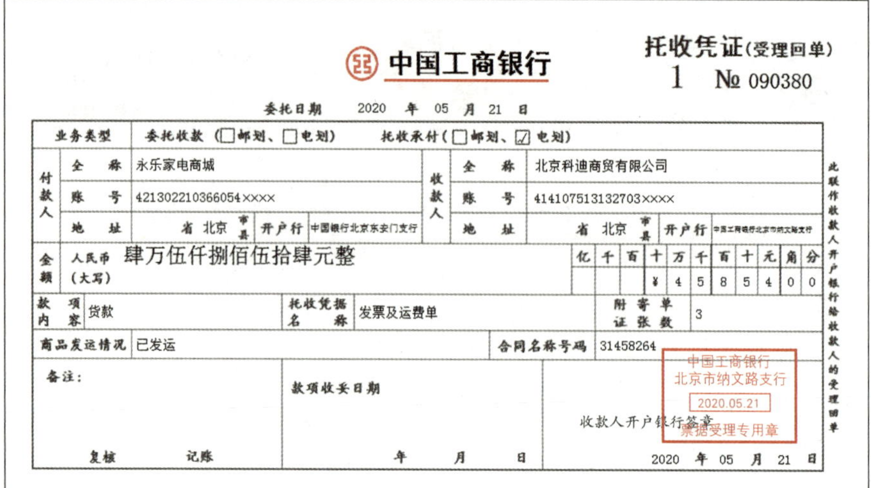

中国工商银行　托收凭证（受理回单）　1　№ 090380

委托日期　2020 年 05 月 21 日

业务类型	委托收款（□邮划、□电划）　托收承付（□邮划、☑电划）		
付款人　全称	永乐家电商城	收款人　全称	北京科迪商贸有限公司
账号	421302210366054××××	账号	414107513132703××××
地址	省 北京 市县　开户行 中国银行北京东安门支行	地址	省 北京 市县　开户行 中国工商银行北京市纳文路支行
金额　人民币（大写）	肆万伍仟捌佰伍拾肆元整	亿千百十万千百十元角分	¥ 4 5 8 5 4 0 0
款项内容	货款　托收凭据名称 发票及运费单	附寄单证张数	3
商品发运情况	已发运	合同名称号码	31458264
备注： 复核　记账	款项收妥日期 年　月　日	收款人开户银行签章 2020 年 05 月 21 日	

中国工商银行 北京市纳文路支行 2020.05.21 票据受理专用章

此联作收款人开户银行给收款人的受理回单

图 3-7-5　托收凭证受理回单

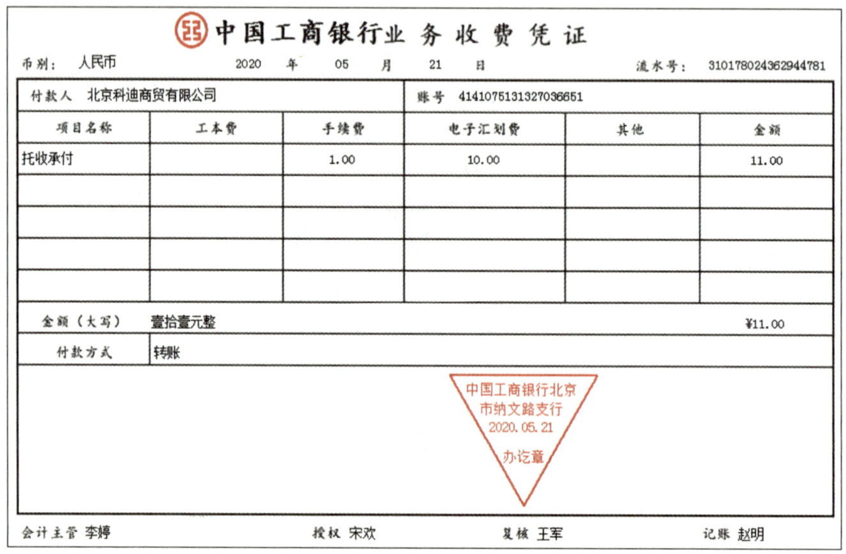

中国工商银行业务收费凭证

币别：人民币　2020 年 05 月 21 日　流水号：310178024362944781

付款人 北京科迪商贸有限公司			账号 4141075131327036651		
项目名称	工本费	手续费	电子汇划费	其他	金额
托收承付		1.00	10.00		11.00
金额（大写）	壹拾壹元整				¥11.00
付款方式	转账				

中国工商银行北京市纳文路支行 2020.05.21 办讫章

会计主管 李婷　授权 宋欢　复核 王军　记账 赵明

图 3-7-6　业务收费凭证

签发托收承付凭证必须记载下列事项：

（1）表明“托收承付”的字样。

（2）确定的金额。

（3）付款人名称及账号。

（4）收款人名称及账号。

（5）付款人开户银行名称。

（6）收款人开户银行名称。

（7）托收附寄单证张数或册数。

（8）合同名称、号码。

（9）委托日期。

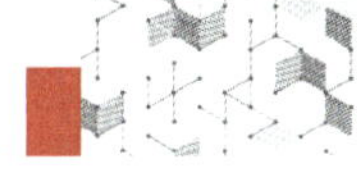

（10）收款人签章。

托收承付凭证上欠缺记载上列事项之一的，银行不予受理。

5 月 24 日，出纳收到托收款项到账通知（见图 3-7-7），核对企业名称和金额等信息后，将其交给会计编制记账凭证，并根据审核无误的记账凭证登记银行存款日记账。

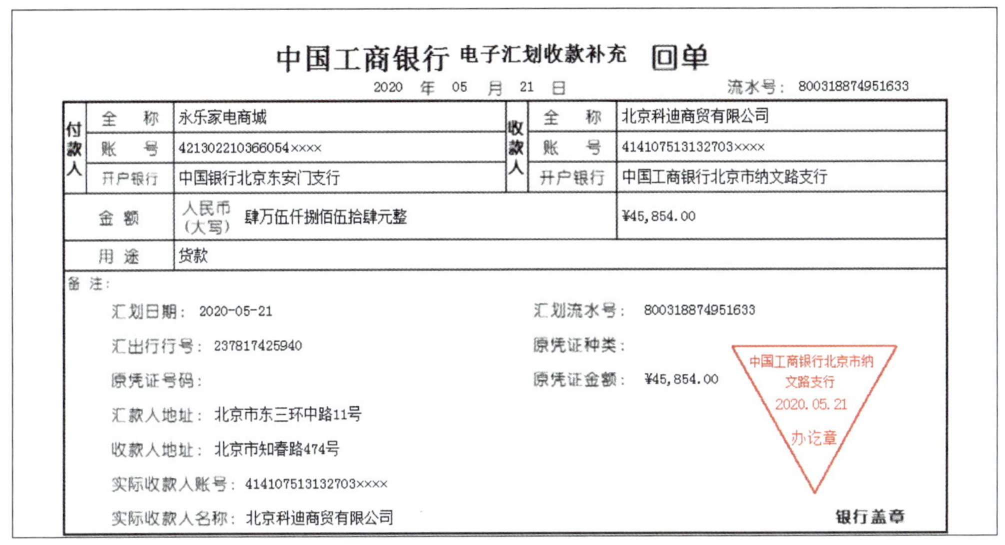

中国工商银行 电子汇划收款补充 回单

2020 年 05 月 21 日　　流水号：800318874951633

付款人			收款人		
付款人	全　称	永乐家电商城	收款人	全　称	北京科迪商贸有限公司
	账　号	421302210366054××××		账　号	414107513132703××××
	开户银行	中国银行北京东安门支行		开户银行	中国工商银行北京市纳文路支行
金　额	人民币（大写）	肆万伍仟捌佰伍拾肆元整		¥45,854.00	
用　途	货款				

备注：

汇划日期：2020-05-21　　汇划流水号：800318874951633

汇出行行号：237817425940　　原凭证种类：

原凭证号码：　　原凭证金额：¥45,854.00

汇款人地址：北京市东三环中路11号

收款人地址：北京市知春路474号

实际收款人账号：414107513132703××××

实际收款人名称：北京科迪商贸有限公司

中国工商银行北京市纳文路支行 2020.05.21 办讫章

银行盖章

图 3-7-7　中国工商银行电子汇划收款补充回单

三、付款结算业务处理

2020 年 5 月 21 日，北京科迪商贸有限公司收到开户行转来的托收凭证（付款通知，见图 3-7-8）及增值税专用发票（见图 3-7-9）等证明，经审核是当月 19 日采购商品货款，货款为 46 000 元，税额为 5 980 元，入库单如图 3-7-10 所示，经与订货合同审核无误后，同意承付。

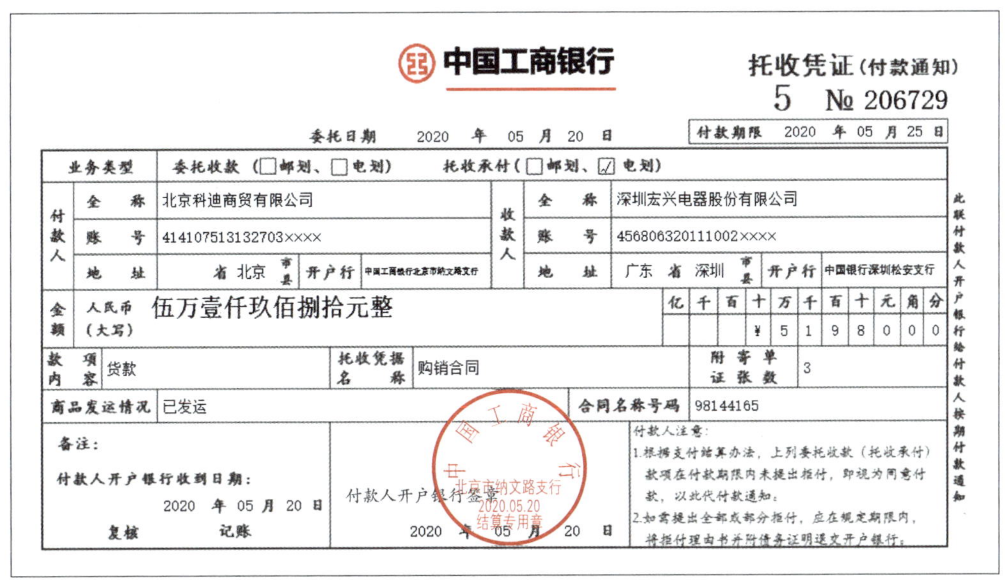

中国工商银行　托收凭证（付款通知）

5　№ 206729

委托日期 2020 年 05 月 20 日　　付款期限 2020 年 05 月 25 日

业务类型	委托收款（□邮划、□电划） 托收承付（□邮划、☑电划）				
付款人 全　称	北京科迪商贸有限公司	收款人 全　称	深圳宏兴电器股份有限公司		
账　号	414107513132703××××	账　号	456806320111002××××		
地　址	省 北京 市/县 开户行 中国工商银行北京市纳文路支行	地　址	广东 省 深圳 市/县 开户行 中国银行深圳松安支行		
金额 人民币（大写）	伍万壹仟玖佰捌拾元整	亿千百十万千百十元角分	¥ 5 1 9 8 0 0 0		
款项内容	货款	托收凭据名称	购销合同	附寄单证张数	3
商品发运情况	已发运	合同名称号码	98144165		

备注：

付款人开户银行收到日期：2020 年 05 月 20 日

复核　　记账

付款人开户银行签章　2020 年 05 月 20 日

中国工商银行 北京市纳文路支行 2020.05.20 结算专用章

付款人注意：

1.根据支付结算办法，上列委托收款（托收承付）款项在付款期限内未提出拒付，即视为同意付款，以此代付款通知。

2.如需提出全部或部分拒付，应在规定期限内，将拒付理由书并附债务证明退交开户银行。

此联付款人开户银行给付款人按期付款通知

图 3-7-8　托收凭证（付款通知）

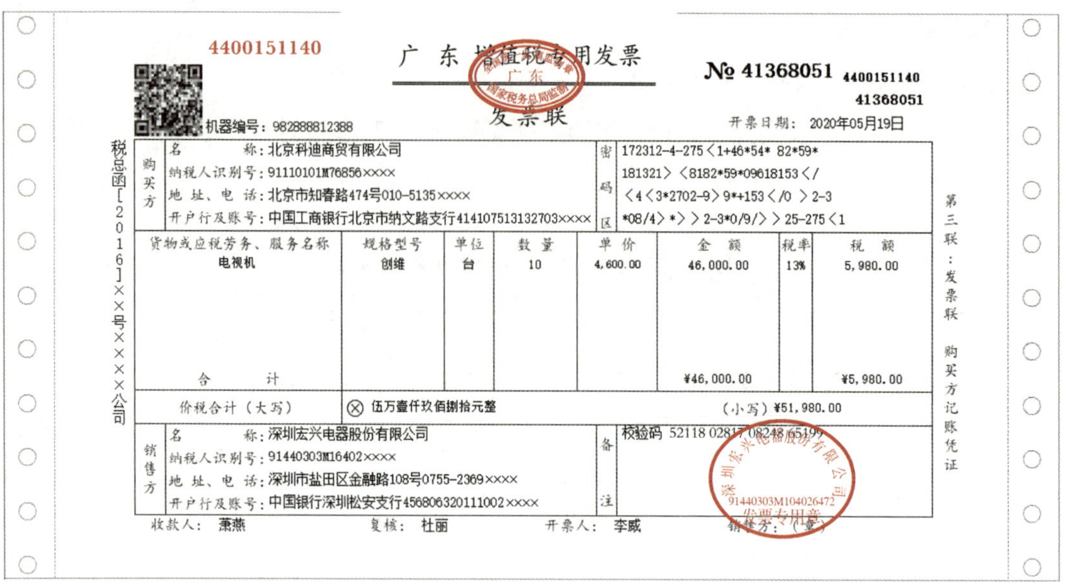

4400151140

广东增值税专用发票

发票联

№ 41368051 4400151140 41368051

机器编号：982888812388　　开票日期：2020年05月19日

税总函[2016]××号××××公司

购买方	名　　称：北京科迪商贸有限公司 纳税人识别号：91110101M76856×××× 地 址、电 话：北京市知春路474号010-5135×××× 开户行及账号：中国工商银行北京市纳文路支行414107513132703××××	密码区	172312-4-275＜1+46*54* 82*59* 181321＞＜8182*59*09618153＜/ ＜4＜3*2702-9＞9*+153＜/0 ＞2-3 *08/4＞*＞＞2-3*0/9/＞＞25-275＜1

货物或应税劳务、服务名称	规格型号	单位	数量	单价	金额	税率	税额
电视机	创维	台	10	4,600.00	46,000.00	13%	5,980.00
合　　计					¥46,000.00		¥5,980.00
价税合计（大写）	⊗ 伍万壹仟玖佰捌拾元整				（小写）¥51,980.00		

销售方	名　　称：深圳宏兴电器股份有限公司 纳税人识别号：91440303M16402×××× 地 址、电 话：深圳市盐田区金融路108号0755-2369×××× 开户行及账号：中国银行深圳松安支行456806320111002××××	备注	校验码 52118 02817 08248 65199

收款人：萧燕　　复核：杜丽　　开票人：李威　　销售方：（章）

第三联：发票联　购买方记账凭证

图 3-7-9　购货增值税专用发票

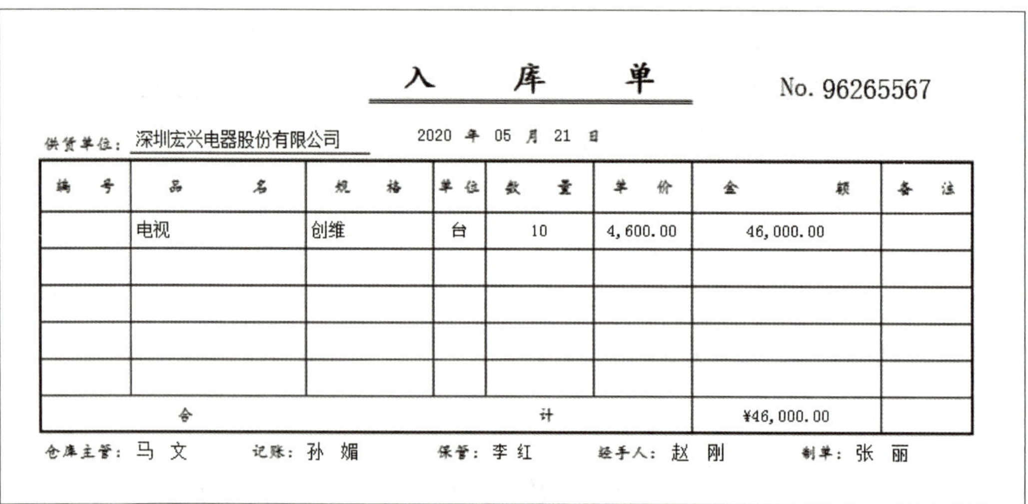

入　库　单

No. 96265567

供货单位：深圳宏兴电器股份有限公司　　2020 年 05 月 21 日

编号	品名	规格	单位	数量	单价	金额	备注
	电视	创维	台	10	4,600.00	46,000.00	
合					计	¥46,000.00	

仓库主管：马文　　记账：孙媚　　保管：李红　　经手人：赵刚　　制单：张丽

图 3-7-10　入库单

知识点

付款人开户银行收到托收凭证及其附件后，应当及时通知付款人。通知时，可以根据具体情况与付款人签订协议，采取付款人自行来取、派人送达、邮寄等方式。付款人应在承付期内审查核对，安排资金。

承付货款分为验单付款和验货付款两种，由收付双方商量选用，并在合同中明确规定。

1. 验单付款

验单付款的承付期为 3 天，从付款人开户银行发出承付通知的次日算起（承付期内遇法定节假日顺延）。

付款人在承付期内未向银行表示拒绝付款，银行即视作承付，并在承付期满的次日（法定节假日顺延）上午银行开始营业时，将款项主动从付款人的账户内付出，按照收款人指定的划款方式，划给收款人。

2. 验货付款

验货付款的承付期为 10 天，从运输部门向付款人发出提货通知的次日算起。

对收付双方在合同中明确规定并在托收凭证上注明验货付款期限的，银行从其规定。

任务八 汇兑

【情境导入】

采购部急需采购一批电器，要尽快将货款汇到广东省深圳市、天津市，采购人员赵刚想采用汇兑这种速度较快的方式支付货款。

一、汇兑基本知识

1. 汇兑的概念

汇兑是付款人委托银行将其款项支付给收款人的结算方式。汇兑因汇款方式不同可分为信汇和电汇两种，电汇以电报或电传作为结算工具，信汇以信汇委托书或支付委托书作为结算工具。

电汇是收款较快、费用较高的一种汇款方式，汇款人必须负担电报费用，所以通常金额较大或有急用时使用电汇方式汇款。信汇不需发电报，以邮递方式传送，所以费用较电汇低廉，但由于邮递速度原因，收款时间相对较晚。汇款单位出纳可根据手续费、到账时间等因素选择使用。

2. 汇兑的使用范围

单位和个人各种款项的结算均可以使用汇兑方式。

3. 汇兑的业务流程

汇兑业务流程如图 3-8-1 所示。

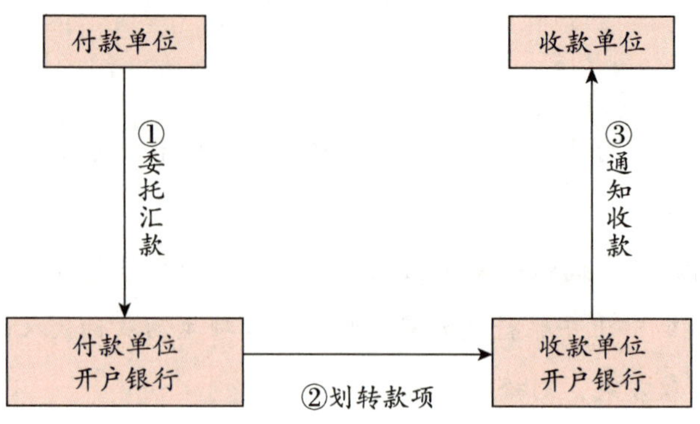

图 3-8-1　汇兑业务流程

二、付款业务结算

付款单位因支付货款等经济业务需要委托银行办理汇兑时，出纳应填写银行印制的汇兑凭证并签章，银行受理审核汇兑凭证后，盖章退回第一联回单，出纳以此回单作为付款业务的原始凭证。此回单只能作为汇出银行受理汇款的依据，不能作为该笔汇款已转入收款人账户的证明。

知识点

付款人填写汇兑凭证的要求

1. 付款单位出纳办理汇兑业务时，必须将汇兑凭证上的内容填写齐全，否则银行不予受理。

2. 若付款单位要汇款到异地设立临时或零星采购专户，当汇兑凭证上记载收款人为个人、收款人需要到汇入银行领取汇款时，出纳应在汇兑凭证的“收款人账号或住址”栏注明“留行待取”字样；留行待取的汇款需要指定单位的收款人领取的，应注明收款人的单位名称；信汇凭收款人签章支取的，应在信汇凭证上预留其签章。

1. 信汇业务

2020 年 5 月 22 日，北京科迪商贸有限公司采购部从深圳宏兴电器股份有限公司采购一批空调，采用信汇方式汇出货款 23 400 元，增值税专用发票如图 3-8-2 所示。

出纳到开户银行办理信汇，先填写一式四联的信汇凭证提交给开户银行。银行审查无误后在信汇凭证（回单）加盖转讫章（见图 3-8-3）后退回，收取手续费 3 元，手续费收费单如图 3-8-4 所示。出纳将上述原始单据交会计编制付款凭证，经审核无误后，据以登记银行存款日记账。

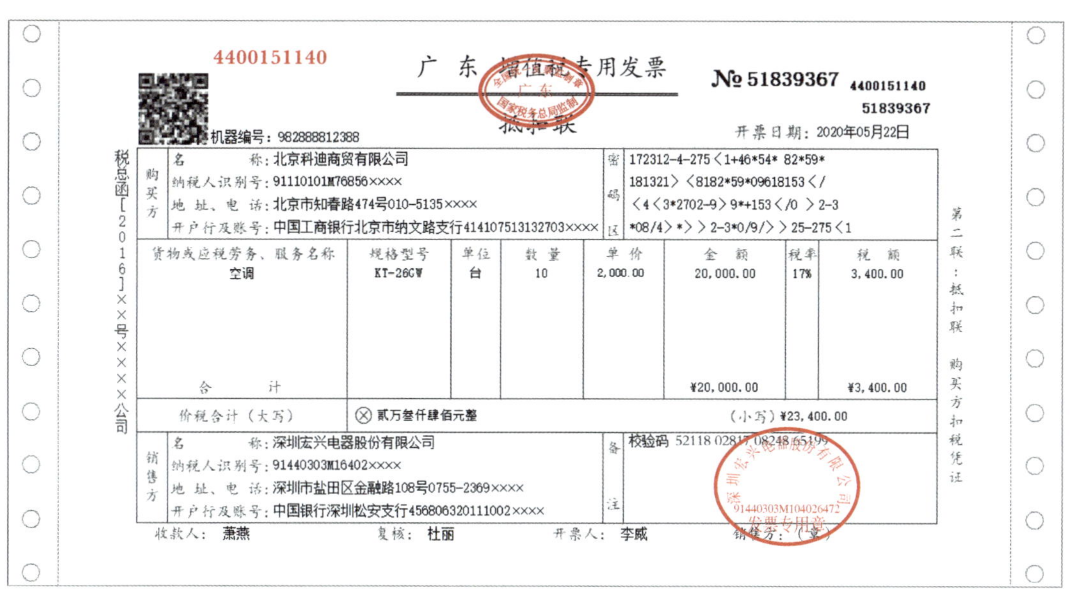

4400151140　　广东增值税专用发票　　№51839367　4400151140　51839367

抵扣联

机器编号：982888812388　　开票日期：2020年05月22日

购买方	名　称：北京科迪商贸有限公司 纳税人识别号：91110101M76856×××× 地址、电话：北京市知春路474号010-5135×××× 开户行及账号：中国工商银行北京市纳文路支行414107513132703××××	密码区	172312-4-275＜1+46*54* 82*59* 181321＞＜8182*59*09618153＜/ ＜4＜3*2702-9＞9*+153＜/0 ＞2-3 *08/4＞*＞＞2-3*0/9/＞＞25-275＜1

货物或应税劳务、服务名称	规格型号	单位	数量	单价	金额	税率	税额
空调	KT-26CW	台	10	2,000.00	20,000.00	17%	3,400.00
合　计					¥20,000.00		¥3,400.00
价税合计（大写）	⊗贰万叁仟肆佰元整				（小写）¥23,400.00		

销售方	名　称：深圳宏兴电器股份有限公司 纳税人识别号：91440303M16402×××× 地址、电话：深圳市盐田区金融路108号0755-2369×××× 开户行及账号：中国银行深圳松安支行456806320111002××××	备注	校验码 52118 02817 08248 65199

收款人：萧燕　　复核：杜丽　　开票人：李威　　销售方：（章）

图 3-8-2　增值税专用发票

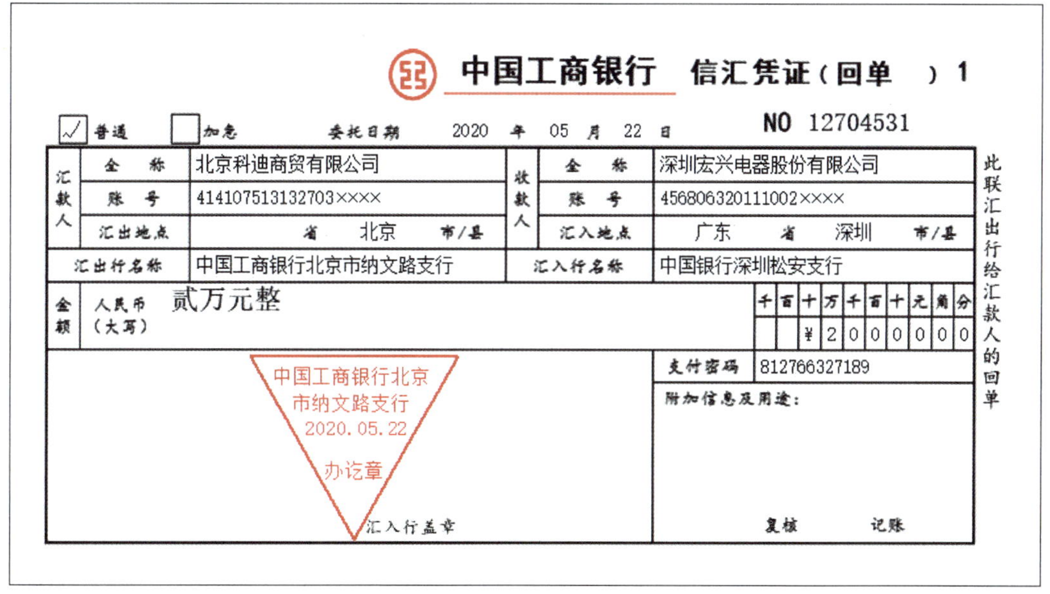

中国工商银行　信汇凭证（回单　）1

☑普通　□加急　　委托日期　2020 年 05 月 22 日　　NO 12704531

汇款人			收款人		
全称	北京科迪商贸有限公司		全称	深圳宏兴电器股份有限公司	
账号	414107513132703××××		账号	456806320111002××××	
汇出地点	省 北京 市/县		汇入地点	广东 省 深圳 市/县	
汇出行名称	中国工商银行北京市纳文路支行		汇入行名称	中国银行深圳松安支行	
金额	人民币（大写）贰万元整		千百十万千百十元角分	¥2000000	

中国工商银行北京市纳文路支行 2020.05.22 办讫章

汇入行盖章

支付密码 812766327189

附加信息及用途：

复核　记账

此联汇出行给汇款人的回单

图 3-8-3　信汇凭证（回单）

2. 电汇业务

2020 年 5 月 22 日，北京科迪商贸有限公司采购部从天津辰建电器有限公司采购一批电视机，采用电汇方式汇出货款 58 500 元，增值税专用发票如图 3-8-5 所示。

出纳到开户银行办理电汇，填写一式三联的电汇凭证提交开户银行。银行审查无误

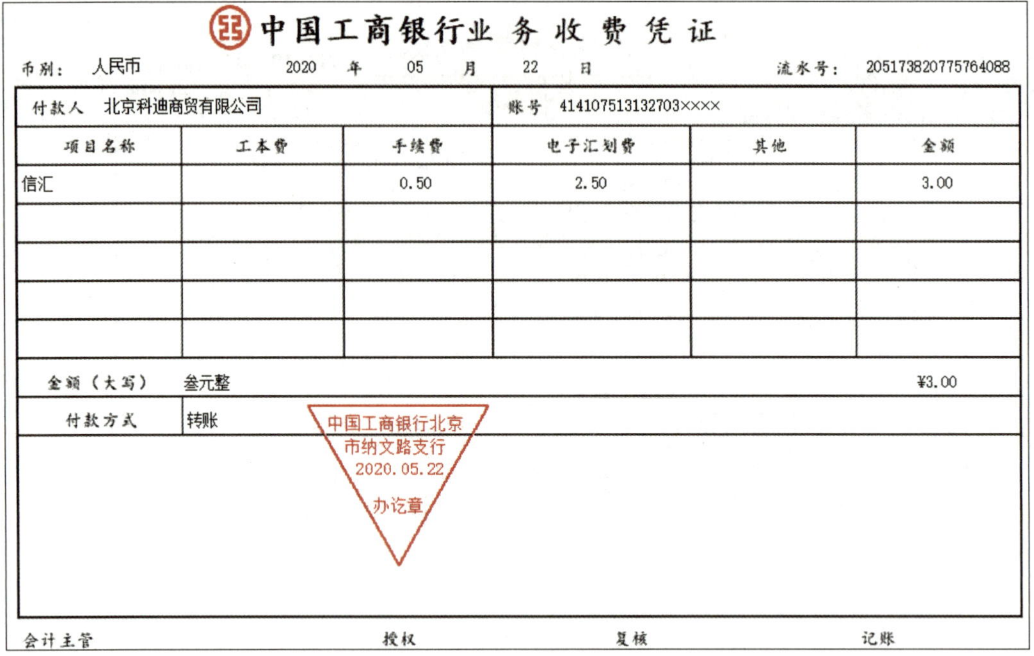

中国工商银行业务收费凭证

币别：人民币　　2020 年 05 月 22 日　　流水号：205173820775764088

付款人	北京科迪商贸有限公司		账号	414107513132703××××	
项目名称	工本费	手续费	电子汇划费	其他	金额
信汇		0.50	2.50		3.00
金额（大写）	叁元整				¥3.00
付款方式	转账				

中国工商银行北京市纳文路支行 2020.05.22 办讫章

会计主管　　授权　　复核　　记账

图 3-8-4　手续费收费单

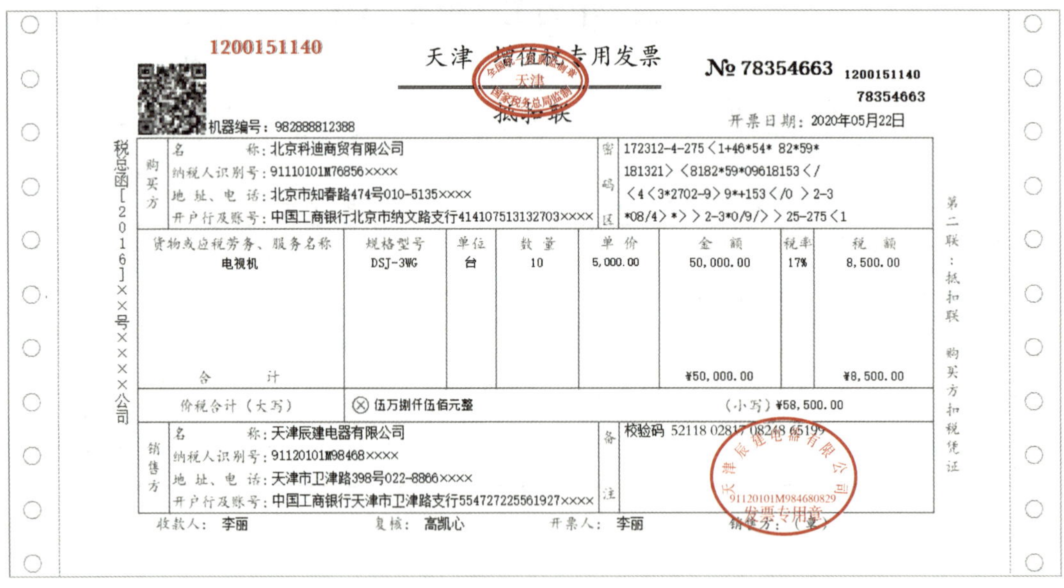

1200151140

天津增值税专用发票

抵扣联

№ 78354663　1200151140　78354663

机器编号：982888812388　　开票日期：2020年05月22日

税总函[2016]××号×××公司

购买方	名称：北京科迪商贸有限公司 纳税人识别号：91110101M76856×××× 地址、电话：北京市知春路474号010-5135×××× 开户行及账号：中国工商银行北京市纳文路支行414107513132703××××						密码区	172312-4-275<1+46*54* 82*59* 181321><8182*59*09618153</ <4<3*2702-9>9*+153</0 >2-3 *08/4>*>>2-3*0/9/>>25-275<1
货物或应税劳务、服务名称	规格型号	单位	数量	单价	金额	税率	税额	
电视机	DSJ-3WG	台	10	5,000.00	50,000.00	17%	8,500.00	
合计					¥50,000.00		¥8,500.00	
价税合计（大写）	⊗伍万捌仟伍佰元整				（小写）¥58,500.00			
销售方	名称：天津辰建电器有限公司 纳税人识别号：91120101M98468×××× 地址、电话：天津市卫津路398号022-8866×××× 开户行及账号：中国工商银行天津市卫津路支行554727225561927××××						备注	校验码 52118 02817 08248 65199

收款人：李丽　　复核：高凯心　　开票人：李丽　　销售方：（章）

第二联：抵扣联　购买方扣税凭证

天津辰建电器有限公司 91120101M984680829 发票专用章

图 3-8-5　增值税专用发票

后在电汇凭证（回单）加盖转讫章（见图 3-8-6）退回，收取手续费 12.2 元，手续费收费单如图 3-8-7 所示。出纳将上述原始单据交会计编制付款凭证，经审核无误后，据以登记银行存款日记账。

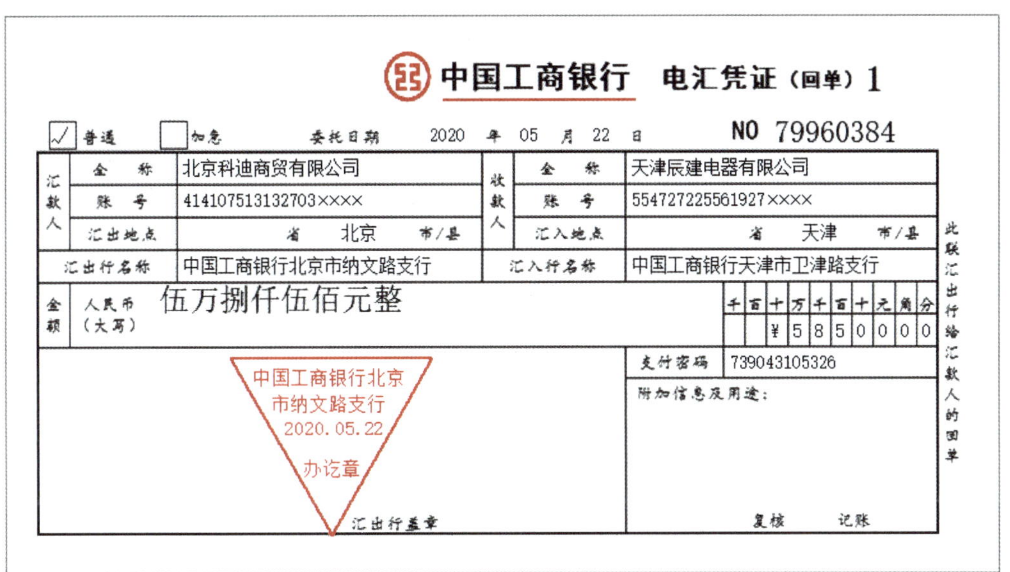

中国工商银行　电汇凭证（回单）1

☑普通　☐加急　　委托日期　2020 年 05 月 22 日　　NO 79960384

汇款人	全　称	北京科迪商贸有限公司	收款人	全　称	天津辰建电器有限公司
	账　号	414107513132703××××		账　号	554727225561927××××
	汇出地点	省　北京　市/县		汇入地点	省　天津　市/县
汇出行名称		中国工商银行北京市纳文路支行	汇入行名称		中国工商银行天津市卫津路支行

金额　人民币（大写）　伍万捌仟伍佰元整　　千 百 十 万 千 百 十 元 角 分：¥ 5 8 5 0 0 0 0

支付密码　739043105326

附加信息及用途：

中国工商银行北京市纳文路支行 2020.05.22 办讫章

汇出行盖章　　复核　　记账

此联汇出行给汇款人的回单

图 3-8-6　电汇凭证（回单）

中国工商银行业务收费凭证

币别：人民币　　2020 年 05 月 22 日　　流水号：205173820775764088

付款人　北京科迪商贸有限公司　　账号　414107513132703××××

项目名称	工本费	手续费	电子汇划费	其他	金额
电汇		0.50	11.70		12.20
金额（大写）	壹拾贰元贰角整				¥12.20
付款方式	转账				

中国工商银行北京市纳文路支行 2020.05.22 办讫章

会计主管　　授权　　复核　　记账

图 3-8-7　手续费收费单

知识点

1. 付款人撤销汇款的规定

对汇出银行尚未汇出的款项，付款人可以申请撤销。申请时，应出具正式函件及

原信、电汇回单，汇出银行查明确未汇出款项的，收回原信、电汇回单。

2. 付款人退汇的规定

付款人对汇出银行已经汇出的款项可以申请退汇。对已在汇入银行开立存款账户的收款人，由付款人与收款人自行联系退汇；对未在汇入银行开立存款账户的收款人，付款人应出具正式函件及原信、电汇回单，由汇出银行通知汇入银行，经核实确未支付，将款项汇回汇出银行，方可办理退汇。

三、收款业务结算

接收汇款的银行收妥款项后，将收账通知交给收款企业。若付款单位采用信汇方式，银行在信汇凭证第四联加盖转讫章作收账通知；若付款单位采用电汇方式，银行在电汇凭证第三联加盖转讫章作收账通知。

1. 信汇业务

2020 年 5 月 23 日，北京科迪商贸有限公司收到永乐家电商城以信汇方式支付前欠货款 35 100 元，收到加盖转讫章的信汇凭证（收账通知），如图 3-8-8 所示。出纳将该原始单据交会计编制收款凭证，经审核无误后，据此登记银行存款日记账。

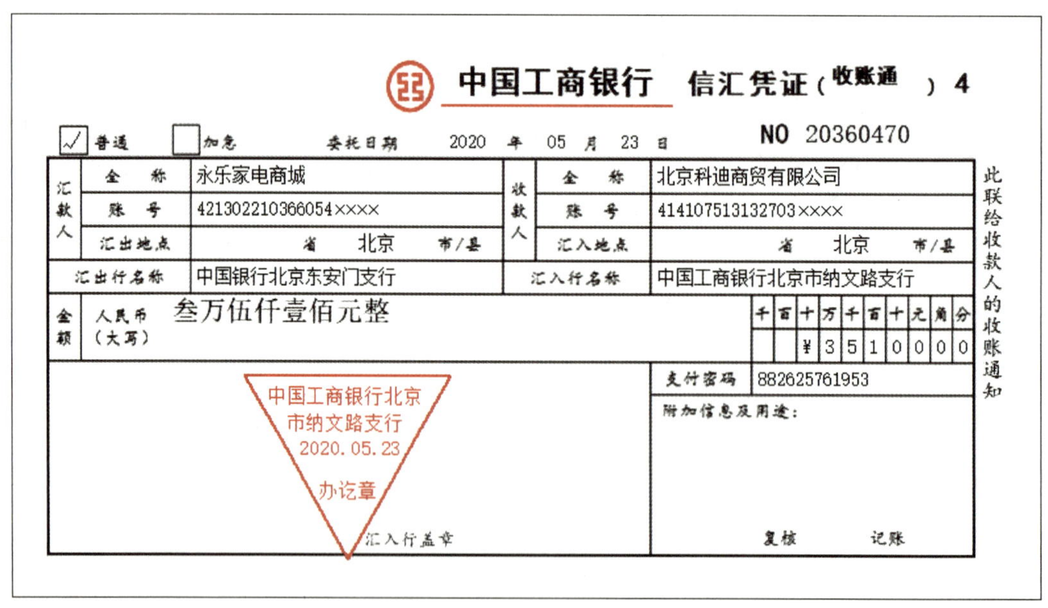

中国工商银行 信汇凭证（收账通 ） 4

☑普通 □加急 委托日期 2020 年 05 月 23 日 NO 20360470

汇款人	全称	永乐家电商城	收款人	全称	北京科迪商贸有限公司
	账号	421302210366054××××		账号	414107513132703××××
	汇出地点	省 北京 市/县		汇入地点	省 北京 市/县
汇出行名称		中国银行北京东安门支行	汇入行名称		中国工商银行北京市纳文路支行
金额	人民币（大写）	叁万伍仟壹佰元整		千百十万千百十元角分	¥3510000
				支付密码	882625761953
				附加信息及用途：	

中国工商银行北京市纳文路支行 2020.05.23 办讫章

汇入行盖章 复核 记账

此联给收款人的收账通知

图 3-8-8 信汇凭证（收账通知）

2. 电汇业务

2020 年 5 月 23 日，北京科迪商贸有限公司与永乐家电商城签订销售合同，预计向其销售电冰箱 15 台，收到其以电汇方式预付的货款 10 000 元。

出纳收到银行转来的加盖转讫章的电汇凭证（收账通知），如图 3-8-9 所示，将该原始单据交会计编制收款凭证，经审核无误后，据以登记银行存款日记账。

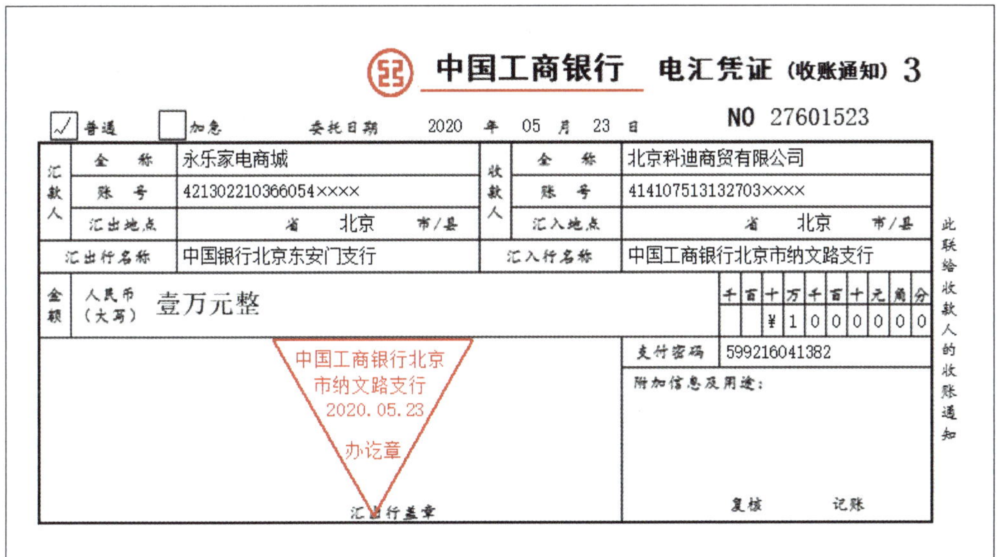

中国工商银行　电汇凭证（收账通知）3

☑普通　☐加急　　委托日期　2020 年 05 月 23 日　　NO 27601523

汇款人			收款人		
汇款人	全称	永乐家电商城	收款人	全称	北京科迪商贸有限公司
	账号	421302210366054××××		账号	414107513132703××××
	汇出地点	省 北京 市/县		汇入地点	省 北京 市/县
汇出行名称		中国银行北京东安门支行	汇入行名称		中国工商银行北京市纳文路支行
金额	人民币（大写）	壹万元整	千百十万千百十元角分		¥1000000
中国工商银行北京市纳文路支行 2020.05.23 办讫章		汇出行盖章	支付密码		599216041382
			附加信息及用途：		
			复核　记账		

此联给收款人的收账通知

图 3-8-9　电汇凭证（收账通知）

知识点

收款人领取汇款的规定

1. 在银行已开立存款账户的收款人，汇入银行会将款项直接转入收款人账户，并向其发出收账通知。

2. 未在银行开立存款账户的收款人，凭信汇、电汇的取款通知或“留行待取”的字样，向汇入银行支取款项时，必须交验本人的身份证件，在信汇、电汇凭证上注明证件名称、号码及发证机关，并在“收款人签盖章”处签章；信汇凭签章支取的，收款人的签章必须与预留信汇凭证上的签章相符。银行审查无误后，以收款人的姓名开立应解汇款及临时存款账户。该账户只付不收，付完清户，不计付利息。

任务九　网上银行结算

【情境导入】

因为业务需要，北京科迪商贸有限公司需要开通网上银行，以便于结算。

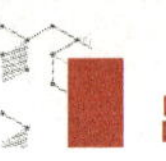

网上银行又称网络银行、在线银行或电子银行，它是各银行在互联网中设立的虚拟柜台，银行利用网络技术，通过互联网向客户提供开户、销户、查询、对账、行内转账、跨行转账、信贷、网上证券、投资理财等传统服务项目，使客户足不出户就能够安全便捷地管理活期和定期存款、支票、信用卡及个人投资等。

网上银行不受时间、空间限制，能够在任何时间、任何地点为企业和个人客户提供方便安全的金融服务。

一、网上银行的开通

1. 企业准备资料

企业开通网上银行需要准备营业执照（三证合一）、法人身份证、开户许可证、经办人员身份证等资料的原件和复印件。

2. 填写申请表

企业出纳持准备好的资料到开户银行（以中国工商银行为例）办理开户，填写网上银行企业客户注册申请表，如图 3-9-1 所示。

中国工商银行电子银行企业客户注册申请表

共　页 第　页 Icbc1007

客户基本信息			
中文名称		英文名称	
地址		邮政编码：	
法人代表		联系人	
联系电话 1		联系电话 2	
传真电话		E-MAIL 地址	
主申请账户账号			
缴费账户账号		（开户行所在地：　　市）	
行业分类			
共有分支机构（含总部在内）：　　家，共需客户证书：　　张，共需要读卡器：　　台			
申请电话银行□	查询□　　传真□	其他：	
金卡、普通卡卡号		联系人	
挂接账户账号	①	证件类型	
	②	证件号码	
	③	④	
开通多级组合授权	是□　否□		
申请网上银行□ 申请银企互联□	收款业务□定向汇款□外汇汇款□信用证业务□通知存款□基金□国债□贵宾室□代理行业务□票据托管□其他： 账户高级管理：定向收付□ 资金归集□ 资金下拨□ 对账信息补录□ 对账单控制 □（仅供银企互联客户使用）到账通知□（仅供银企互联客户使用）		
	公转私支付限额□	单笔支付限额	大写：　　小写：¥
		日累计支付限额	大写：　　小写：¥
		月累计支付限额	大写：　　小写：¥
特别提示：客户证书是我行为客户提供的办理网上银行业务的高级别安全工具，可以进行大额网上资金交易，有效防范风险。建议贵单位在申领操作权限客户证书的同时，还申领授权权限客户证书。同时，建议贵单位安排 2 人到我行营业网点分别领取客户证书和密码信封。			

图 3-9-1　网上银行企业客户注册申请表

3. 开户银行审核受理

开户银行对申请资料审核无误后，签订协议，办理开户，办理网上银行 U 盾，收取工本费和服务费。

4. 账务处理

出纳将业务收费凭证带回单位交会计填制记账凭证，审核无误后据此登记银行存款

日记账。

5. 网上注册开通

（1）打开中国工商银行官网（http://www.icbc.com.cn/），如图 3-9-2 所示，点击“企业网上银行登录”中的“注册”。

图 3-9-2　中国工商银行官网企业网上银行注册页面

（2）阅读企业网上银行注册须知，并点击“确定”，如图 3-9-3 所示。

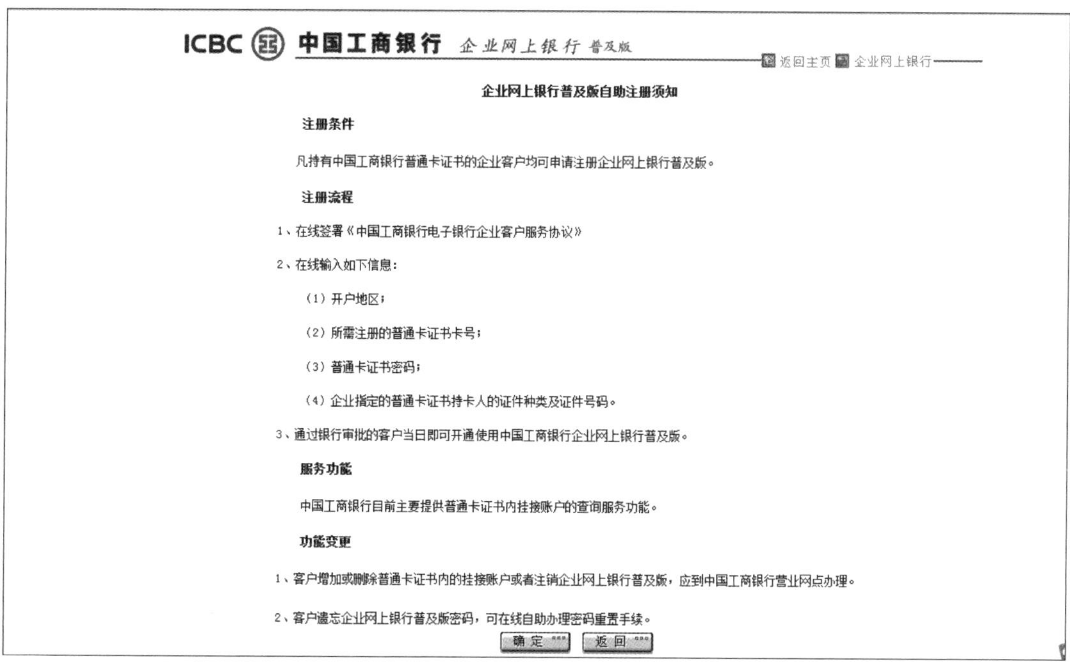

ICBC 中国工商银行　企业网上银行 普及版

返回主页　企业网上银行

企业网上银行普及版自助注册须知

注册条件

凡持有中国工商银行普通卡证书的企业客户均可申请注册企业网上银行普及版。

注册流程

1、在线签署《中国工商银行电子银行企业客户服务协议》

2、在线输入如下信息：

（1）开户地区；

（2）所需注册的普通卡证书卡号；

（3）普通卡证书密码；

（4）企业指定的普通卡证书持卡人的证件种类及证件号码。

3、通过银行审批的客户当日即可开通使用中国工商银行企业网上银行普及版。

服务功能

中国工商银行目前主要提供普通卡证书内挂接账户的查询服务功能。

功能变更

1、客户增加或删除普通卡证书内的挂接账户或者注销企业网上银行普及版，应到中国工商银行营业网点办理。

2、客户遗忘企业网上银行普及版密码，可在线自助办理密码重置手续。

确 定　返 回

图 3-9-3　企业网上银行注册须知

（3）阅读电子银行企业客户服务协议，如图 3-9-4 所示。

ICBC 中国工商银行 企业网上银行 普及版　　返回主页　企业网上银行

中国工商银行电子银行企业客户服务协议

为明确双方的权利和义务，规范双方业务行为，甲方（客户）、乙方（中国工商银行）本着平等互利的原则，就电子银行服务相关事宜达成本协议。

第一条 定义

下列用语在本协议中的含义为：

“电子银行”是指通过网络和电子终端为客户提供自助金融服务的虚拟银行。中国工商银行电子银行通过电话银行、网上银行、手机银行等为客户提供查询、转账、支付结算和理财等资金管理服务。

“客户证书”指用于存放客户身份标识，并对客户发送的电子银行交易信息进行数字签名的电子文件。

“企业”指在我行开立账户的企事业及其他单位。

“分支机构”指与甲方具有业务往来关系或行政隶属关系并在我行开立账户的单位，包括分公司、子公司、业务合作伙伴、行政隶属机构等。

“电子银行业务指令”指客户以客户编号(卡号)或客户证书以及相应密码，通过网络向银行发出的查询、转账等要求。

“账户查询、转账授权书”是甲方的分支机构授权乙方为甲方提供其账户信息，或同时授权乙方按照甲方的电子银行业务指令从其账户中划转资金的书面证明文件。

第二条 甲方权利、义务

一、权利

（一）甲方自愿申请注册乙方电子银行，经乙方同意后，将有权根据注册项目的不同享受相应的服务。

（二）甲方有权对签署“账户查询、转账授权书”的分支机构，依据分支机构授权的权限不同，通过电子银行渠道查询其账户或从其账户划转资金。

（三）服务有效期内甲方有权办理电子银行注销手续。

（四）协议终止或在服务有效期内中止时，甲方无须退回客户证书和读卡器。

（五）因网络、通信故障等原因，甲方不能通过乙方电子银行系统办理业务时，甲方或其分支机构可到乙方营业网点办理相应银行业务。

（六）甲方对乙方电子银行服务如有疑问、建议或意见时，可拨打电话“95588”、登录乙方网站或到乙方各营业网点进行咨询和投诉。

二、义务

（一）甲方办理电子银行业务，应遵守《中国工商银行电子银行章程》和乙方网站公布的交易规则。

（二）甲方办理电子银行注册、注销、变更等手续，应提供相关资料，填写相关申请表，并加盖预留印鉴。甲方向乙方提供的业务申请表是本协议不可分割的组成部分。甲方应保证所填写的申请表和所提供的资料真实、准确、完整，对于因甲方提供信息不真实或不完整所造成的损失由甲方承担。

（三）甲方领取客户证书时，须确认并交回企业客户证书领取单，通知银行解冻客户证书。

（四）甲方必须指定专人妥善保管和使用客户编号（卡号）、密码及客户证书，不得提供给未指定的其他人，同时应明确使用人员的权限设置，明确各项操作授权的控制，以防范内部风险、保护账户资金安全。甲方对所有使用客户编号（卡号）、密码及客户证书进行的操作负责。乙方执行通过安全程序的电子支付指令后，甲方不得要求变更或撤销电子支付指令。

（五）甲方客户证书在有效期内损毁、锁码、遗失或密码泄露、遗忘，应及时到营业网点办理更换、解锁、挂失或密码重置手续。办妥上述手续之前所产生的一切后果由甲方承担。

（六）甲方在使用电子银行服务过程中，所提供的资料信息如有更改，例如基本注册信息变更、增加（撤销）分支机构、增（删）账号、变更分支机构开户银行、账号、户名等，应及时办理有关手续，办妥上述手续之前所产生的一切后果由甲方承担。

（七）甲方应保证办理电子支付业务账户的支付能力，并严格遵守支付结算业务的相关法律法规。

（八）如甲方发现乙方对其电子银行业务指令的处理确有错误，应及时通知乙方。

图 3-9-4　电子银行客户服务协议

（4）点击“接受此协议”，进行用户自助注册，如图 3-9-5 所示。

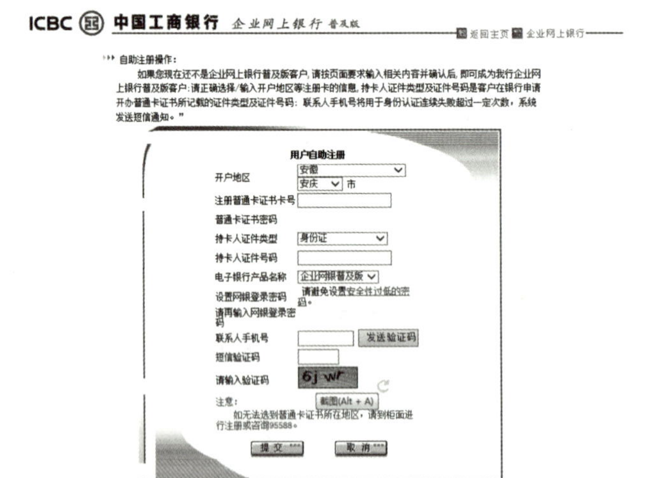

ICBC 中国工商银行 企业网上银行 普及版　　返回主页　企业网上银行

自助注册操作：

如果您现在还不是企业网上银行普及版客户，请按页面要求输入相关内容并确认后，即可成为我行企业网上银行普及版客户：请正确选择/输入开户地区等注册卡的信息，持卡人证件类型及证件号码是客户在银行申请开办普通卡证书所记载的证件类型及证件号码；联系人手机号将用于身份认证连续失败超过一定次数，系统发送短信通知。”

用户自助注册

开户地区　安徽　安庆 市

注册普通卡证书卡号

普通卡证书密码

持卡人证件类型　身份证

持卡人证件号码

电子银行产品名称　企业网银普及版

设置网银登录密码　请避免设置安全性过低的密码。

请再输入网银登录密码

联系人手机号　发送验证码

短信验证码

请输入验证码

注意：　截图(Alt + A)

如无法选到普通卡证书所在地区，请到柜面进行注册或咨询95588。

提 交　　取 消

图 3-9-5　企业网上银行注册页面

二、网上银行的使用

1. 网上银行转账业务（以中国工商银行为例）

（1）打开中国工商银行官网后，点击左边的“企业网上银行”，如图 3-9-6 所示。

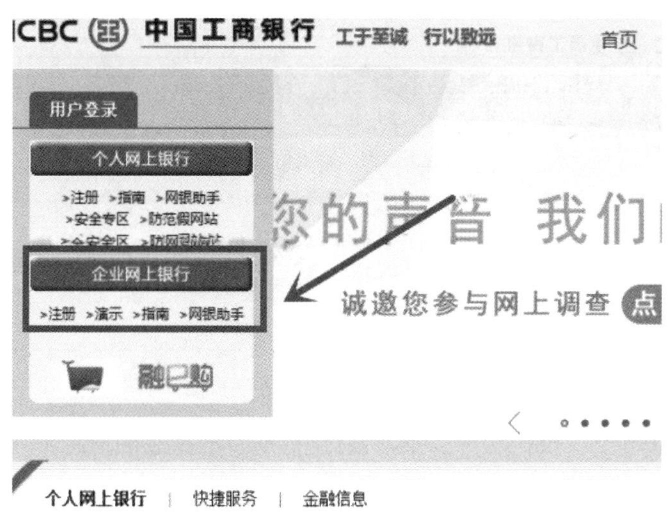

图 3-9-6　企业网上银行登录页面

（2）进入“企业网上银行”窗口，点击“U 盾登录”，如图 3-9-7 所示。

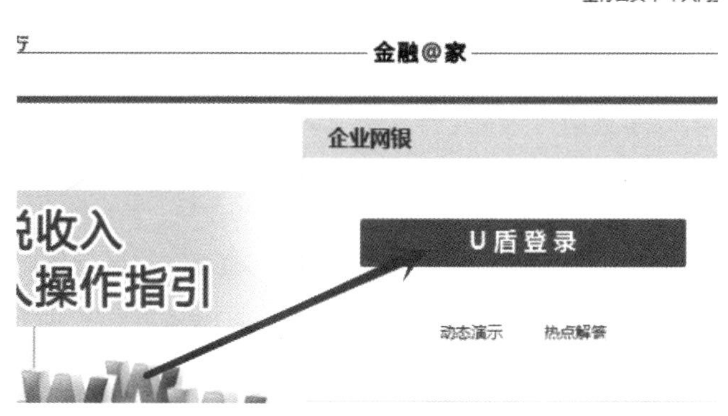

图 3-9-7　“U 盾登录”页面

（3）页面会弹出“安全确认证书”，点击“确定”，输入密码，如图 3-9-8 所示。

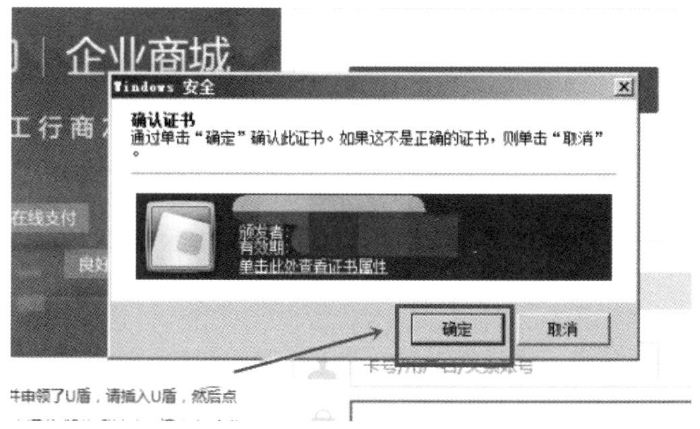

图 3-9-8　“确认证书”页面

（4）进入中国工商银行网上银行操作页面，点击“付款业务”，如图 3-9-9 所示。

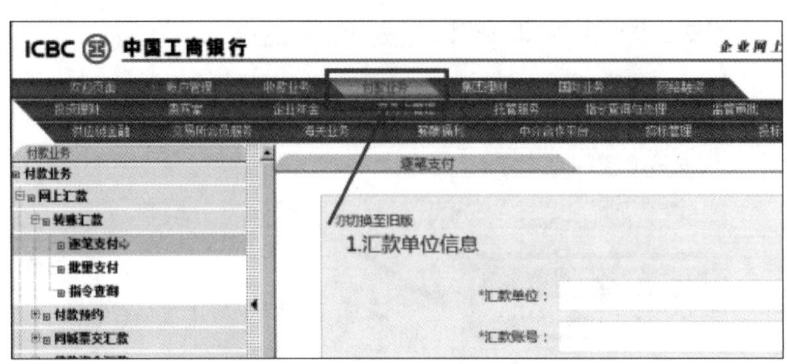

图 3-9-9　“付款业务”页面

（5）输入收款单位、收款账号、收款银行/行别、汇款金额信息，如图 3-9-10 所示。

图 3-9-10　转账信息填写页面

（6）各项输入后，把页面拉到最下面，选择汇款用途，如果要短信提示，则勾选“向相关人员发送短信通知”，然后点“提交”，如图 3-9-11 所示。

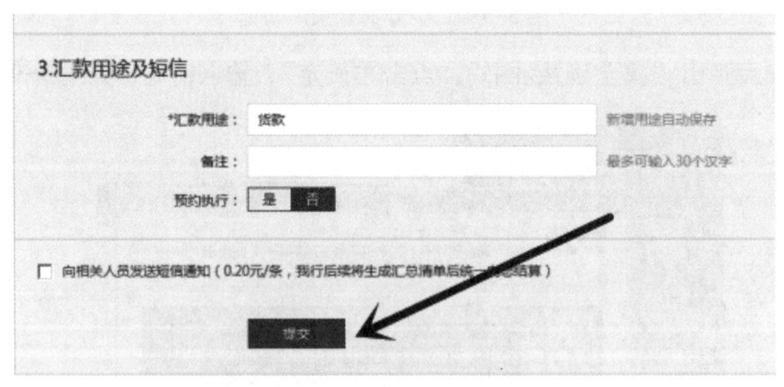

图 3-9-11　付款信息提交页面

（7）页面弹出核对信息，核对无误后，输入“验证码”，点击“确定”，如图 3-9-12 所示。

（8）点击“确定”后，页面会弹出签名信息，同时在 U 盾上会显示信息，再次核对无误后，在 U 盾上按“OK”，如图 3-9-13 所示。

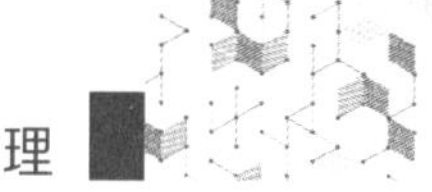

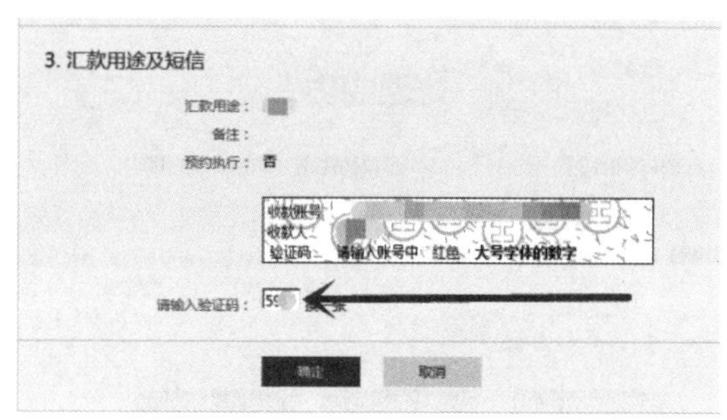

图 3-9-12　核对信息页面

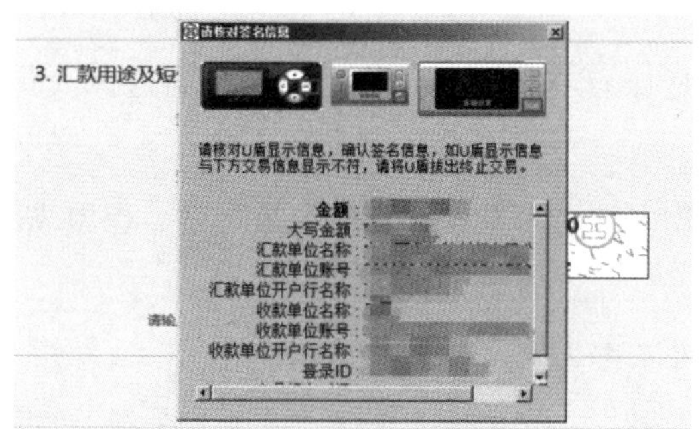

图 3-9-13　U 盾核实信息页面

（9）页面会弹出“确认证书”，点击确定，页面会弹出输入密码框，输入密码，点击“确定”，如图 3-9-14 所示。

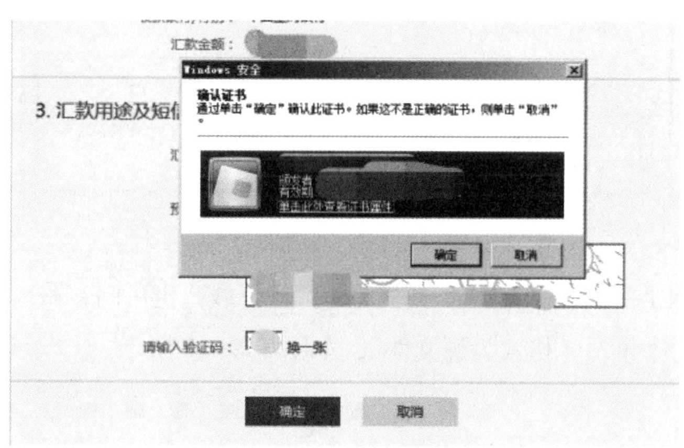

图 3-9-14　“确认证书”页面

（10）汇款成功，则会显示“处理成功”（见图 3-9-15），此时可以向收款人确认是否收到款项。

2. 网上银行代发代扣业务

持卡人可通过委托银行扣款的方式缴费，一次签约即可免去今后多次往返收费单位与银行柜台的麻烦。

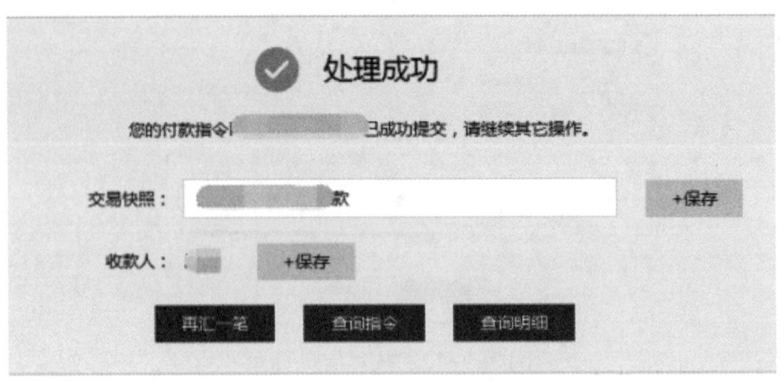

图 3-9-15 “处理成功”页面

代发业务：单位委托银行支付职工工资、奖金、离退休人员退休金、保险生存金，以及财务报账等。

代扣项目：银行代收电费、学杂费、水费、煤气费、保险费，以及个人贷款还款等公共事业项目。

以中国工商银行代发工资为例，操作流程如下：

（1）首先制作工资表格，一定要填入卡号、姓名、金额，如图 3-9-16 所示，注意保证信息准确。

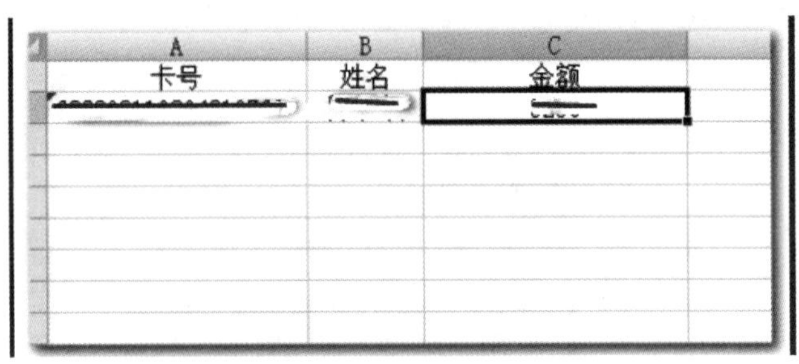

图 3-9-16 工资表格

（2）打开中国工商银行网上银行助手（可自行下载，也可向客服人员索取），将第一步制作好的表格文件导入（格式为源文件），如图 3-9-17 所示。

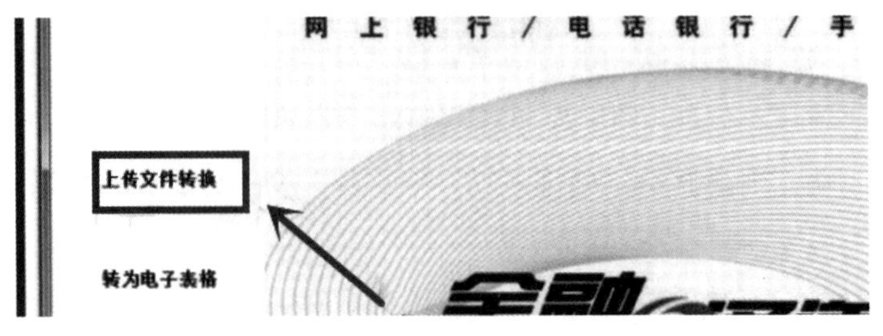

图 3-9-17 导入表格

（3）如图 3-9-18 所示，操作下面 1、2、3 小步骤。

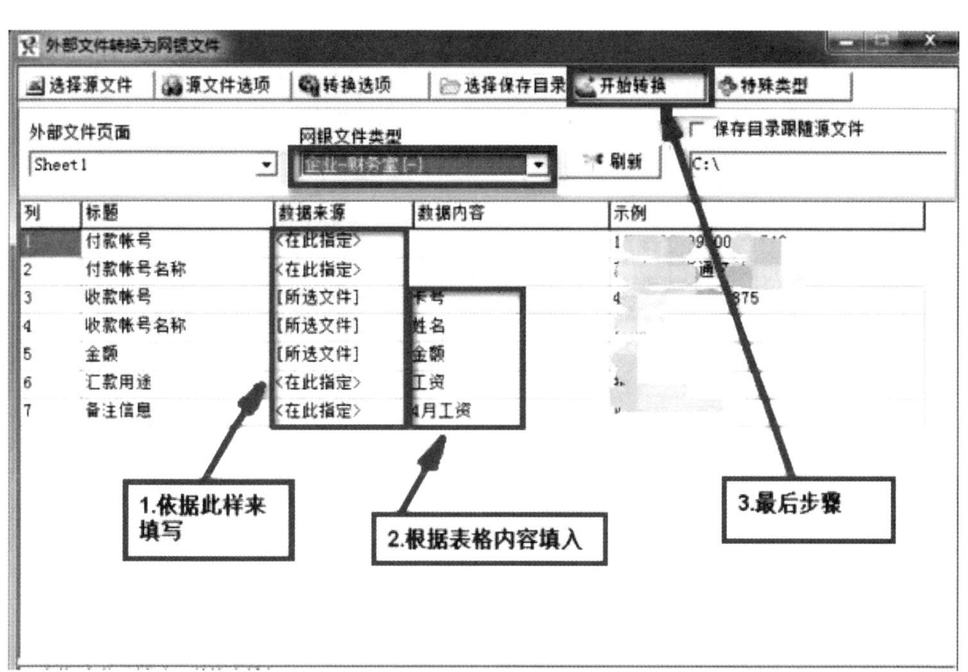

图 3-9-18　开始转换

（4）因为银行卡开卡时间不同，卡号前几位可能不同，为了避免出现错误，点击“转换选项”，把“对方账号卡号都是工行的”前的“√”去掉，点击“确定”。如图 3-9-19 所示。

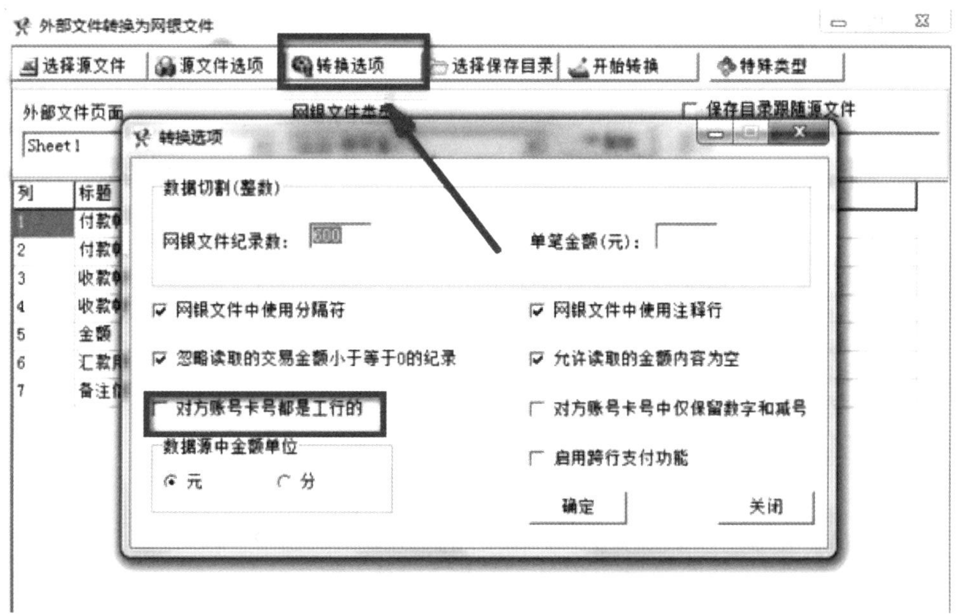

图 3-9-19　转换选项

（5）对转换的表格进行验证，确认其是否正确，如图 3-9-20 所示。

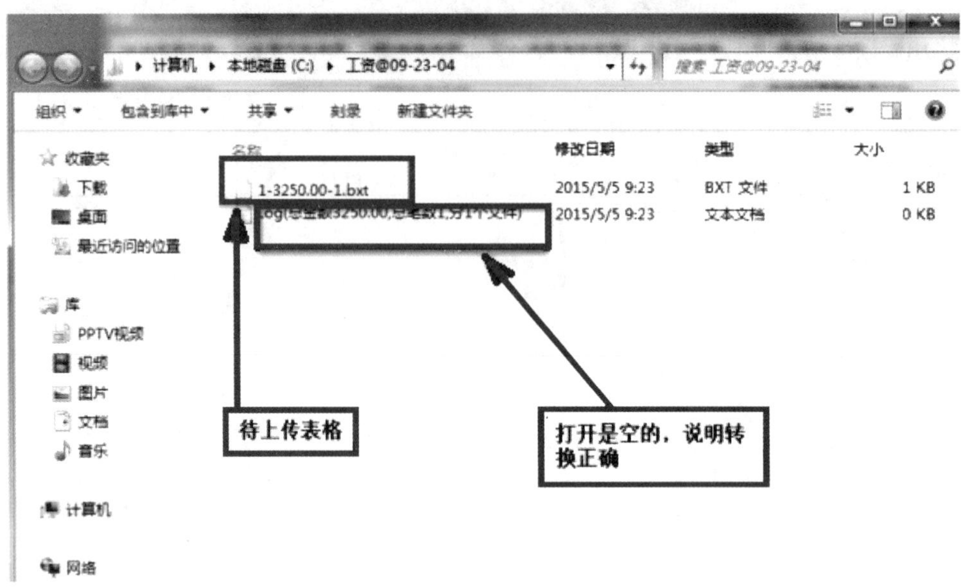

图 3-9-20　表格验证

（6）登录中国工商银行网上银行，点击“付款业务”，然后点击下方的“企业财务室”，如图 3-9-21 所示。

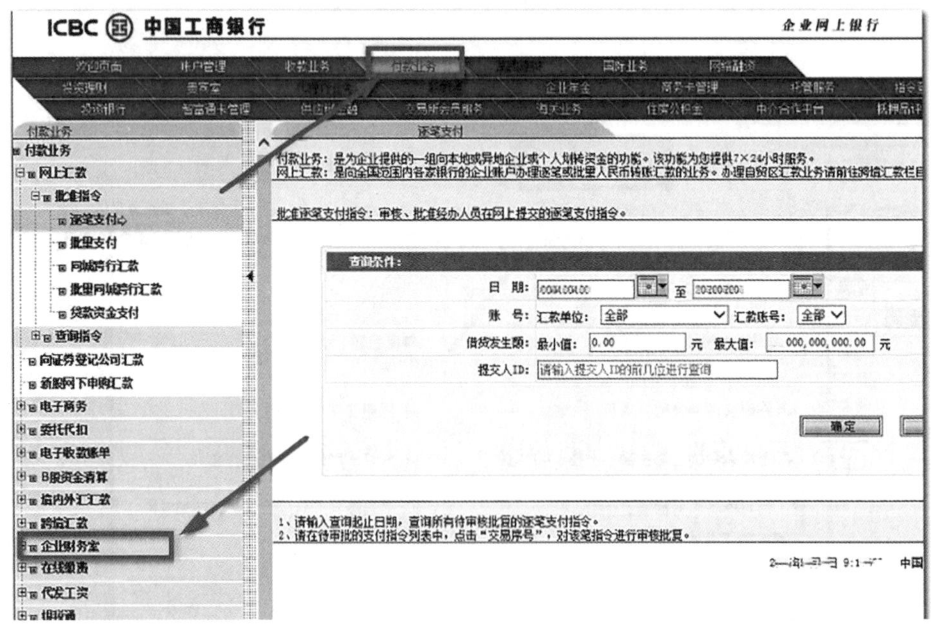

图 3-9-21　付款业务菜单页面

（7）点击“批量支付”，上传制作好的表格，然后点击“确定”，如图 3-9-22 所示。

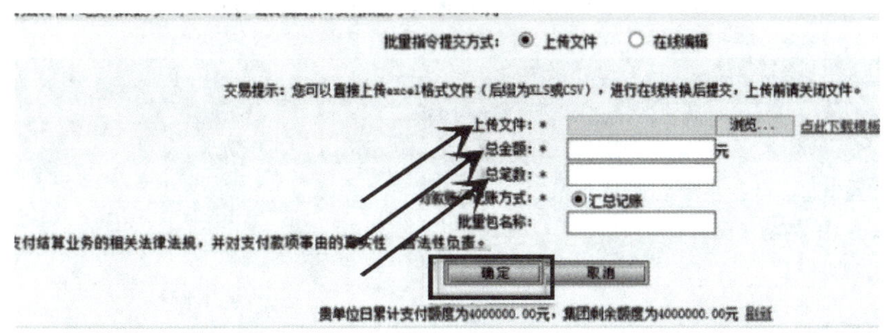

图 3-9-22　批量支付页面

（8）点击“指令查询与处理”（见图 3-9-23），等待员工工资到账。

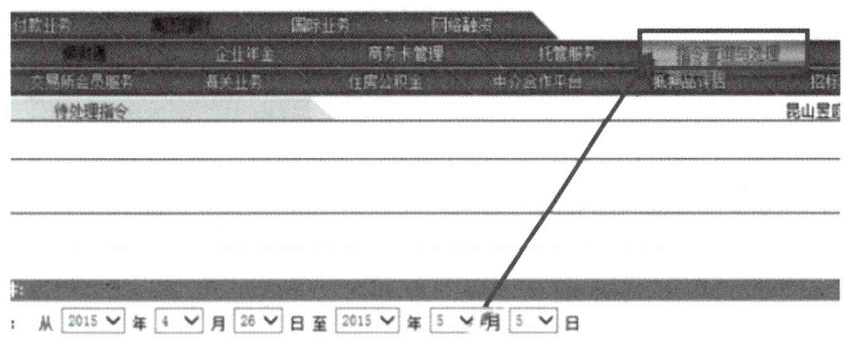

图 3-9-23　审核批复页面

任务十　支付宝结算

【情境导入】

最近常有往来公司业务人员询问能否用支付宝结算，可是北京科迪商贸有限公司还没有开通此结算方式，为了方便资金往来，公司决定开通支付宝结算方式。

一、支付宝的开通

支付宝是国内的第三方支付平台，致力于提供“简单、安全、快速”的支付解决方案。要运用支付宝结算，首先要注册开通企业版支付宝账户。开通企业支付宝账户分为注册、激活、认证三步，只有全部完成，账户才能正常使用。

1. 注册企业支付宝账户

注册企业支付宝账户前，需准备一个未注册过支付宝或淘宝账户的邮箱。在浏览器中搜索进入支付宝官网（https://www.alipay.com/），如图 3-10-1 所示。

图 3-10-1　支付宝官网主页

点击页面中间的“立即注册”，进入如图 3-10-2 所示服务协议提示页面。

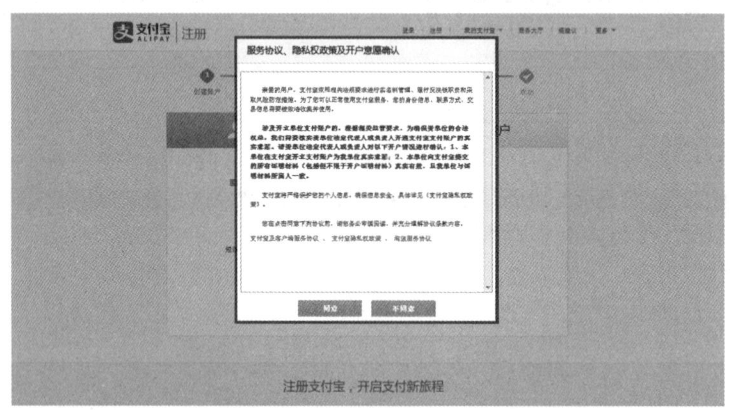

图 3-10-2　服务协议提示页面

点击同意相关服务协议后就会进入下一页面（见图 3-10-3），选择“企业账户”。

图 3-10-3　企业账户注册页面

输入邮箱、验证码，点击“下一步”，进入“验证手机”页面，如图 3-10-4 所示。

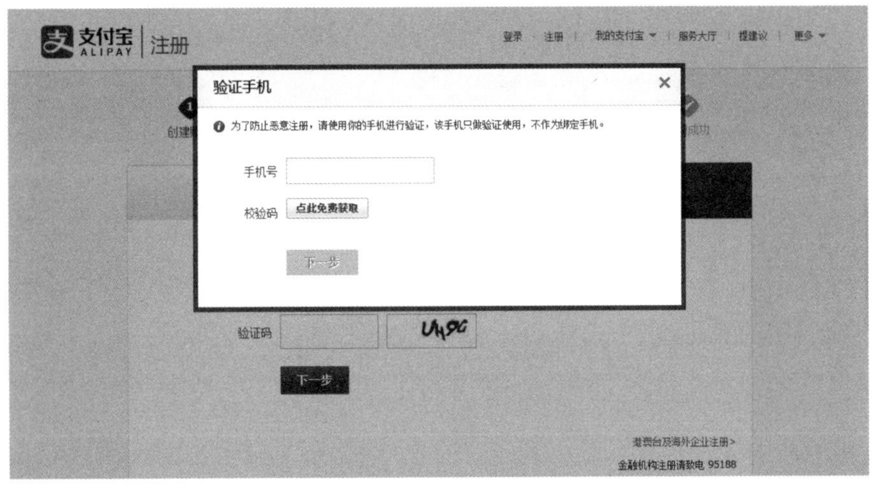

图 3-10-4　“验证手机”页面

输入手机号码查收验证码，仅作为注册的校验，不会与账户进行绑定。进行相关验证后，支付宝会发送一封激活邮件到注册人填写的邮箱，注册步骤完成！

2. 激活企业支付宝账户

注册人登录邮箱，查收支付宝发送的邮件，如图 3-10-5 所示。

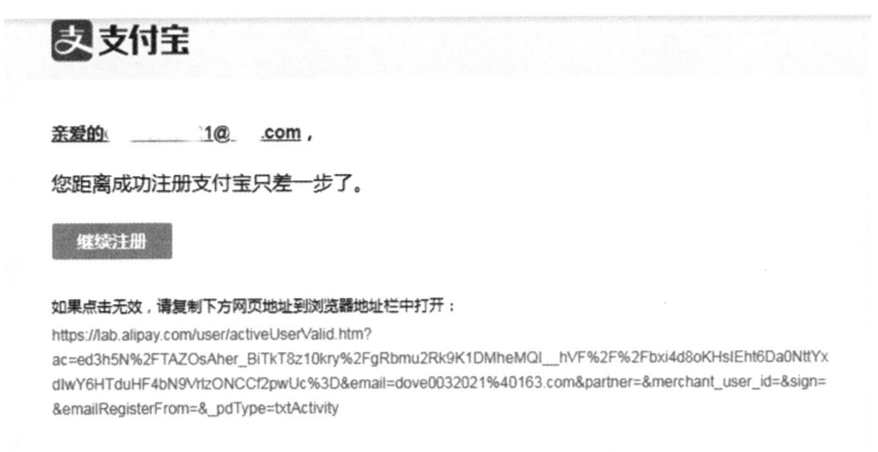

图 3-10-5　支付宝验证邮件页面

点击邮件里面的“继续注册”，跳转到密码设置页面，如图 3-10-6 所示。

注册人根据页面提示设置好账户的登录密码、支付密码和安全保护问题，激活步骤完成！

3. 认证企业支付宝账户

如图 3-10-6 所示设置完成后，点击“下一步”，进入“填写资料和验证”页面，如图 3-10-7 所示。

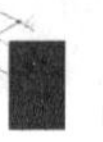

创建账户　填写账户信息　企业实名认证　注册成功

支付宝账户名

登录密码 登录时需验证，保护账户信息

登录密码

再输入一次

支付密码 交易付款或账户信息更改时需输入，与登录密码不一样，安全级别更高

支付密码

再输入一次

安全保护问题 忘记密码时，可通过回答问题找回密码

安全保护问题 - - 请选择 - -

安全保护答案

下一步

图 3-10-6　密码设置页面

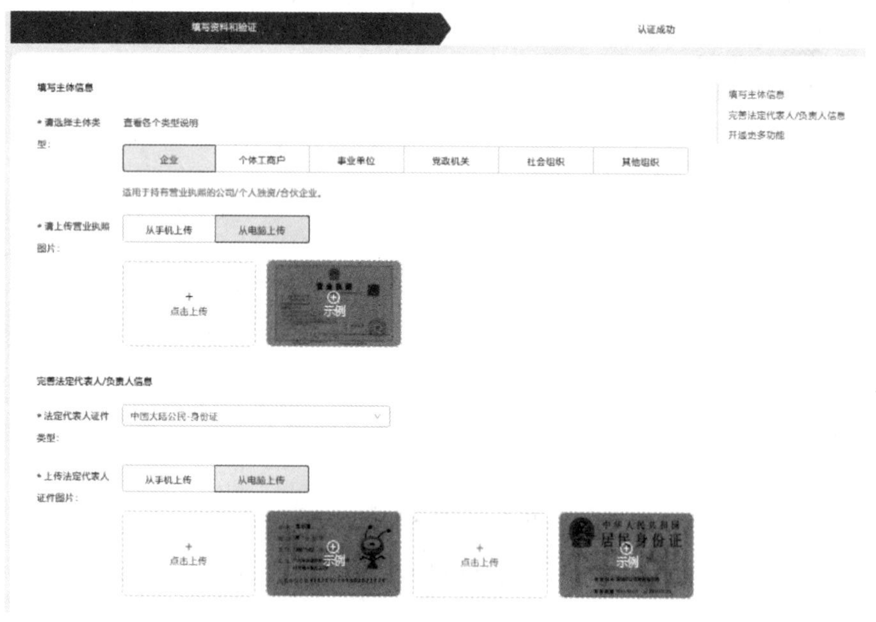

图 3-10-7　“填写资料和验证”页面

选择正确的主体类型后，上传相应凭证，系统会自动识别信息，请注册人进行核对，若有误可以手动修改。

下拉此页面，可根据需要选择是否开通更多功能，阅读相关协议后，选中“我已阅读并同意《支付宝及客户端服务协议》《支付宝隐私权政策》《开户意愿确认》”，点击

"提交"即可，如图 3-10-8 所示。

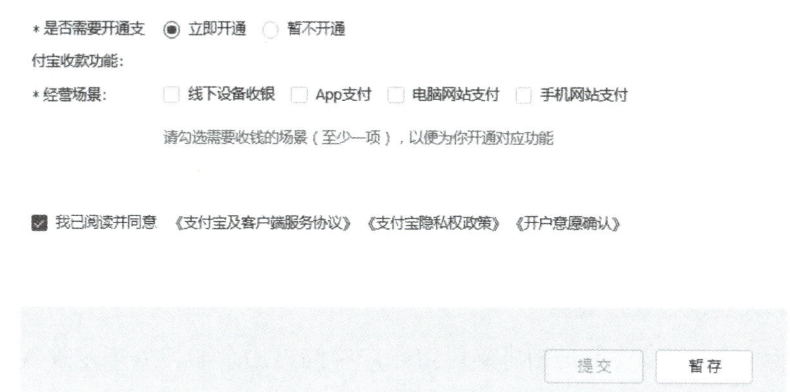

图 3-10-8　"开通更多功能"页面

填写好单位信息并点击提交后，预计 24 小时内会通知审核结果，等待过程中可在企业认证页面继续进行企业实名认证操作，如图 3-10-9 所示。

图 3-10-9　"资料审核"页面

可选择"法定代表人支付宝账密认证/法人扫脸认证"，或者"对公银行账户打款认证"，完成企业实名认证后，企业支付宝账户即可正常使用。

知识点

以法人名义申请支付宝实名认证的用户应向支付宝公司提供以下资料：企业主体有效证件（如营业执照、事业单位法人证书、民办非企业单位登记证书、社会团体法人登记证书等）、法定代表人身份证件（如身份证、护照、港澳通行证等）、与主体同名的对公银行账户。

证件要求：证件必须在有效期以内，营业执照必须带有齐全的年检记录；提交的证件必须为彩色原件电子版（如数码相机拍摄件或彩色扫描仪的扫描件），证件图片涂改后无效；认证时提交的图片支持 JPG、JPEG、BMP 格式，图片大小要求 2 MB 以下。

二、支付宝的使用

1. 企业转账到银行账户业务

企业转账到银行账户业务是指将支付宝账户中的可用余额转入指定收款方（个人或企业）的银行卡中。企业账户可在手机和计算机端操作转账到他人银行卡，手机端转账的规则、费率等遵循个人支付宝账户转账规则，具体以页面显示为准。

以计算机端为例，打开网页（http://b. alipay. com），输入企业支付宝账号、密码，进入“我的商家服务”，点击“提现”，跳转到“转账到银行账户”页面，如图 3-10-10 所示。

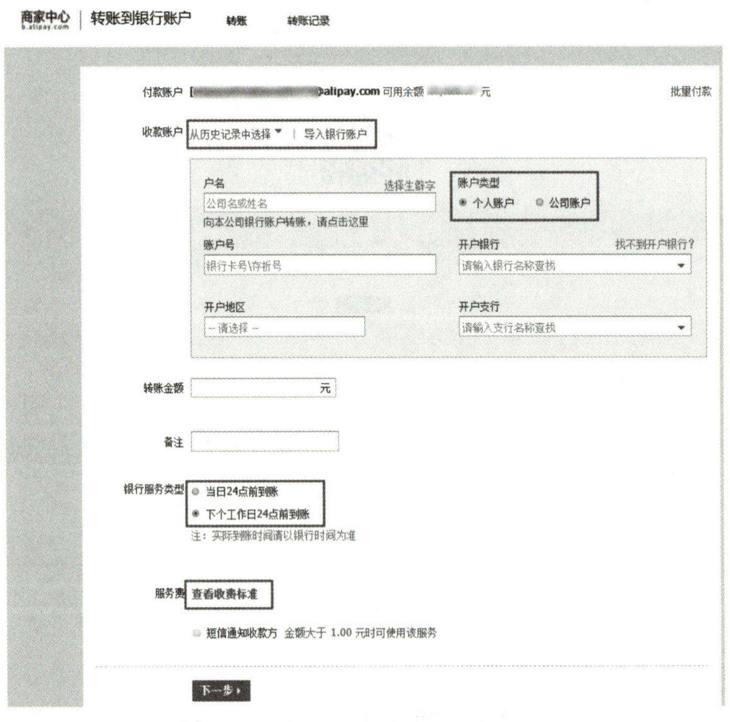

图 3-10-10　“转账到银行账户”页面

输入相关信息，点击“下一步”，根据页面提示完成转账到银行账户操作。

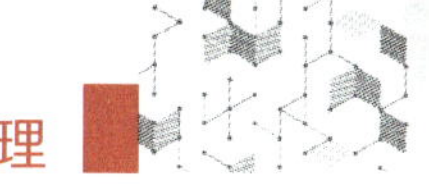

知识点

服务费收费标准及限额

当日到账费率：0.2%（最低2元，最高25元）。

次日到账费率：0.1%（最低1元，最高25元）。

单笔限额：5万元（向个人账户转账）或10万元（向企业账户转账）。

当日限额：200万元。

2. 批量付款到银行卡操作流程（商家中心版）

批量付款到银行卡是支付宝公司解决资金批量处理，提供将企业支付宝账户余额单向流出至指定银行卡的结算方案。

登录 http://b.alipay.com，进入“我的商家服务”，如图3-10-11所示。

点击“提现”按钮，跳转到“转账到银行账户”页面，如图3-10-12所示。

点击“批量付款”按钮，进入“批量付款到银行账户”页面，如图3-10-13所示。

下载模板文件，依据模板格式填写，完成后选择文件上传，一个文件中最多只能有3 000条明细。选择用途，填写备注后点击“确认提交”按钮。

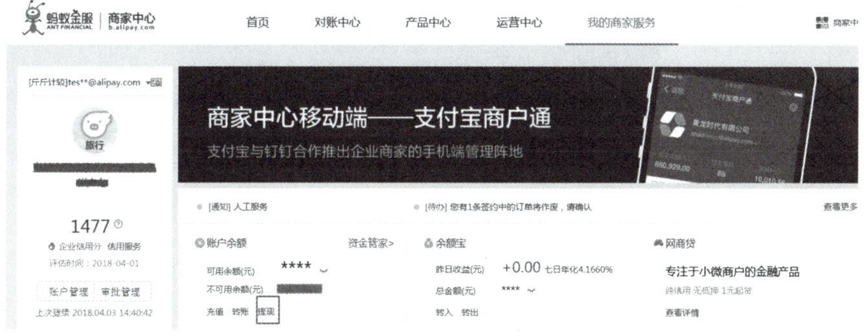

图3-10-11　“我的商家服务”页面

图3-10-12　“转账到银行账户”页面

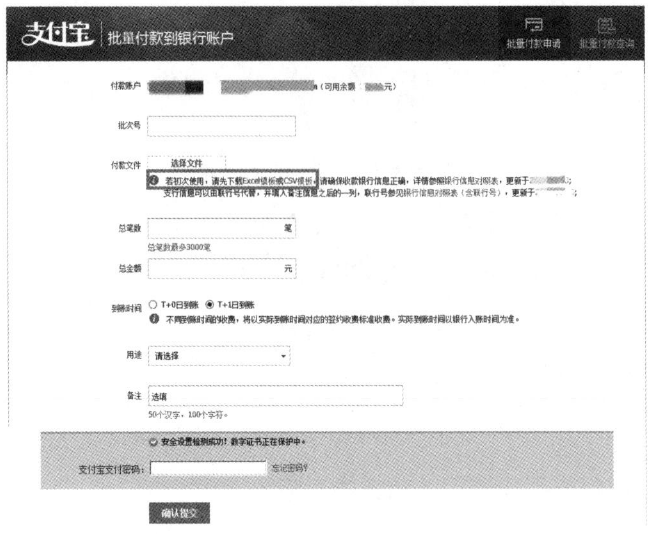

图 3-10-13　“批量付款到银行账户”页面

提交之后可点击“我的审批”进入审批页面，对已上传数据进行付款审批，或返回首页“我的商家服务”页面，如图 3-10-14 所示。

点击“审批管理”，进入“审批管理”页面，通过搜索条件找到要审批的单据，如图 3-10-15 所示。

图 3-10-14　“我的商家服务”页面

申请时间	业务单据号	审批单据号	业务类型	申请人	状态	操作
2014-10-22 10:50	201410...4822	201410...1060	批量付款到支付宝	testyufabu06...	待审批	详情
2014-10-15 17:47	201410...3970	201410...0980	转账到银行	testyufabu06...	待审批	详情
2014-10-15 16:17	201410...4396	201410...0977	转账到支付宝	testyufabu06...	待审批	详情

1/1页

图 3-10-15　“审批管理”页面

点击右侧“详情”，进入“审批详情”页面，可对申请创建人、付款账户、金额、笔数进行核对，若审批人要核实数据的详细信息，可点击右下角的“查看详情”进行查看，如图 3-10-16 所示。

图 3-10-16　“查看详情”页面

核实完毕后，根据实际情况点击右上角“通过”或“退回”，输入支付密码后，审批完成。

审批通过后，系统无法拦截撤销；余额不足的批次，若当日 24 点前未充值，系统将自动废除数据。

任务十一　微信支付

【情境导入】

微信支付是比较常见的支付方式，北京科迪商贸有限公司要求财务人员了解微信支付的形式和流程。

一、公众号支付

商户已有 H5 商城网站，用户通过消息或扫描二维码在微信内打开网页后，可以调用微信支付完成下单购买，具体流程如图 3-11-1 所示。

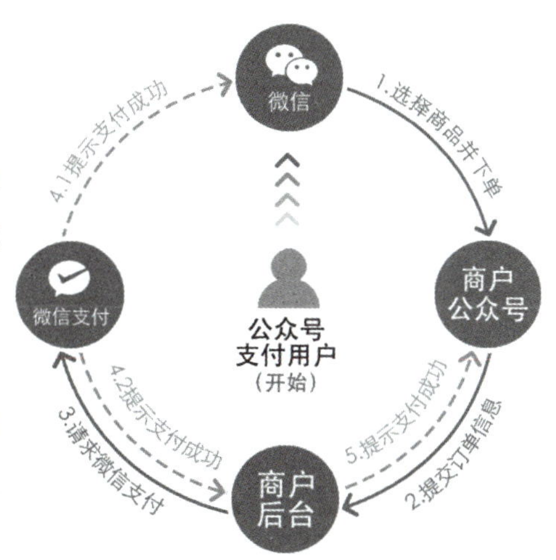

图 3-11-1　公众号支付流程

知识点

公众号支付接入微信支付的流程

1. 注册账号

注册微信公众平台（http://mp.weixin.qq.com），选择账号分类为服务号，填写相关资料并通过微信支付认证。

2. 填写资料

商户需提供以下3项资料：经营类目以及对应经营资质、企业联系信息、企业银行账户等信息。其他信息诸如企业法人信息、营业执照等将直接从微信公众号认证资料中获取，无须重新填写。

3. 商户验证

在提交资料后，微信支付会向结算账户中打入一笔数额随机的验证款。待资料审核通过后查收款项，登录商户平台（http://pay.weixin.qq.com）填写款项数额，数额正确即可通过验证。

4. 签署协议

验证通过后，在线签署线上协议。

5. 售卖商品

完成以上流程之后，即可上线产品进行售卖。

二、 App 支付

商户 App 调用微信的 SDK 唤起微信支付，跳转完成微信支付，再调回 App 内，呈现支付结果，具体流程如图 3-11-2 所示。

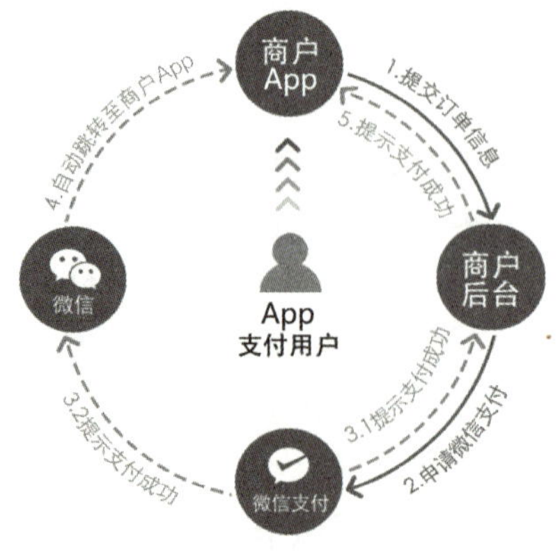

图 3-11-2　App 支付流程

知识点

App 支付接入微信支付的流程

1. 注册并认证

注册微信开放平台（http://open.weixin.qq.com）账号，通过开发者资质认证；提交 App 基本信息，通过微信开放平台应用审核。

2. 填写资料

商户需提供以下 4 项资料：经营类目以及对应经营资质、企业联系信息、企业银行账户信息、App 下载地址或页面截图。其他信息诸如企业法人信息、营业执照等将直接从微信开发者认证资料中获取，无须重新填写。

3. 商户验证

提交资料后，微信支付会向企业的结算账户中打入一笔数额随机的验证款。待资料审核通过后查收款项，登录商户平台（http://pay.weixin.qq.com）填写款项数额，数额正确即可通过验证。

4. 签署协议

验证通过后，在线签署线上协议。

5. 功能发布

完成以上流程之后，App 内即可调用微信支付模块，发起支付。

三、扫码支付

扫码支付有两个模式，分别为“二维码永久有效”模式和“二维码两小时有效”模式。

1. “二维码永久有效”模式

二维码链接由商户生成，然后商户将二维码链接转成二维码图片，用户通过扫码支付，此方式下生成的二维码永久有效，具体流程如图 3-11-3 所示。

2. “二维码两小时有效”模式

二维码链接由微信支付返回给商户，商户将得到的二维码链接转成二维码图片，用户通过扫码支付，此方式下生成的二维码两小时内有效，具体流程如图 3-11-4 所示。

图 3-11-3　“二维码永久有效”模式支付流程

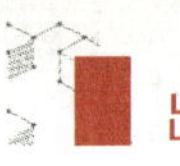

图 3-11-4　“二维码两小时有效”模式支付流程

知识点

扫码支付接入微信支付的流程可参照公众号支付接入微信支付的流程，二者几乎是一样的。

四、刷卡支付

刷卡支付有两个模式，分别为“后台接入”模式和“门店接入”模式。

1. “后台接入”模式

“后台接入”模式适合具备统一后台系统的商户。门店收银台与商户后台通信，商户后台系统负责向微信支付系统发送交易请求和接收返回结果，具体流程如图 3-11-5 所示。

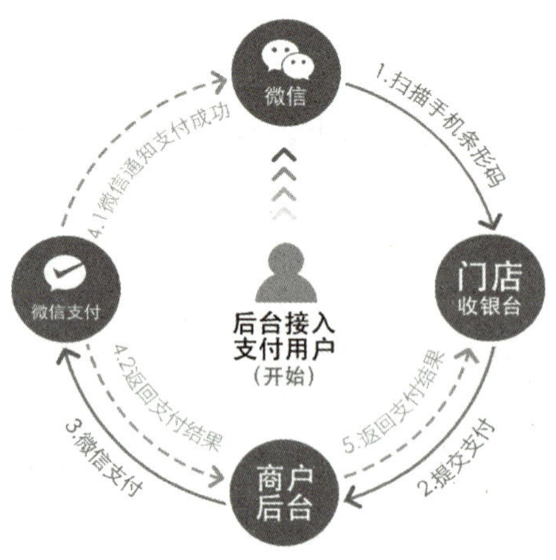

图 3-11-5　“后台接入”模式支付流程

2. “门店接入”模式

“门店接入”模式适合门店收银台通过公网直接与微信后台通信的商户。门店收银台

直接发起交易请求和处理返回结果。商户可以根据实际需要，处理门店和商户后台系统之间的其他业务流程，具体流程如图 3-11-6 所示。

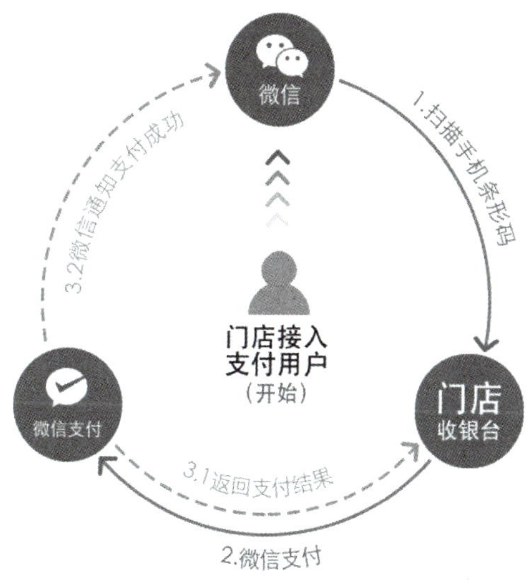

图 3-11-6　“门店接入”模式支付流程

刷卡支付接入微信支付的流程与公众号支付接入微信支付的流程是完全相同的。

思考与练习

1. 2020 年 5 月 23 日，北京科迪商贸有限公司向深圳宏兴电器股份有限公司采购货物，需签发一张价值 30 000 元的转账支票，请在下图中填写相应信息。

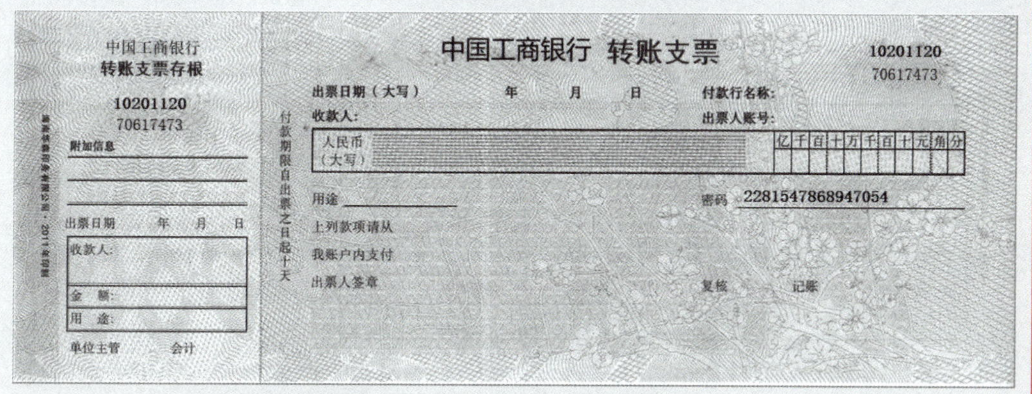

中国工商银行
转账支票存根
10201120
70617473
附加信息
出票日期　年　月　日
收款人：
金　额：
用　途：
单位主管　会计

中国工商银行　转账支票　10201120　70617473

付款期限自出票之日起十天

出票日期（大写）　年　月　日　付款行名称：
收款人：　出票人账号：
人民币（大写）

亿	千	百	十	万	千	百	十	元	角	分

用途　密码 2281547868947054
上列款项请从
我账户内支付
出票人签章　复核　记账

2. 2020 年 5 月 24 日，北京科迪商贸有限公司根据销售合同销售给永乐家电商城 10 台电视机，并开具增值税专用发票，单价 5 000 元/台，税率 13%，总计价款 56 500 元，采用托收承付邮划的结算方式，已发运商品，办理托收手续，请在下图中填写相应信息。

1100151140

北京增值税专用发票 №16542599 1100151140 16542599

此联不作报销、扣税凭证使用

机器编号：982888812388 开票日期：

税总函[2016]××号××××公司

购买方	名称： 纳税人识别号： 地址、电话： 开户行及账号：					密码区	172312-4-275<1+46*54* 82*59* 181321><8182*59*09618153</ <4<3*2702-9>9*+153</0 >2-3 *08/4>*>>2-3*0/9/>>25-275<1	
货物或应税劳务、服务名称	规格型号	单位	数量	单价	金额	税率	税额	
合计								
价税合计（大写）	⊗				（小写）			
销售方	名称： 纳税人识别号： 地址、电话： 开户行及账号：					备注	校验码 52118 02817 08248 65199	

收款人： 复核： 开票人： 销售方：（章）

第一联：记账联 销售方记账凭证

中国工商银行 托收凭证（受理回单）

1 №968444

委托日期 年 月 日

业务类型	委托收款（□邮划、□电划） 托收承付（□邮划、□电划）				
付款人	全称		收款人	全称	
	账号			账号	
	地址	省 市县 开户行		地址	省 市县 开户行
金额	人民币（大写）		亿 千 百 十 万 千 百 十 元 角 分		
款项内容		托收凭据名称		附寄单证张数	
商品发运情况		合同名称号码	53747588		
备注： 复核 记账	款项收妥日期 年 月 日	收款人开户银行签章 年 月 日			

此联作收款人开户银行给收款人的受理回单

项目四
建账与登账

学习目标

知识目标

1. 了解出纳日记账的概念和意义，掌握出纳日记账的种类和格式。
2. 熟悉出纳现金日记账的建账方法及登记流程。
3. 熟悉出纳银行日记账的建账方法及登记流程。
4. 熟悉出纳备查账的登记方法。

能力目标

1. 能规范并熟练登记出纳现金日记账。
2. 能规范并熟练登记出纳银行日记账。
3. 能规范登记出纳备查账。

思维导图

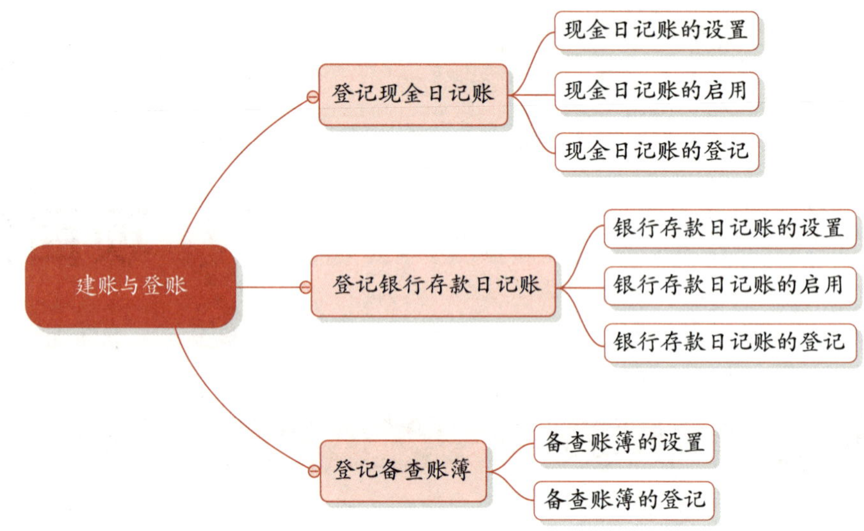
建账与登账
登记现金日记账
现金日记账的设置
现金日记账的启用
现金日记账的登记
登记银行存款日记账
银行存款日记账的设置
银行存款日记账的启用
银行存款日记账的登记
登记备查账簿
备查账簿的设置
备查账簿的登记

任务一　登记现金日记账

【情境导入】

钱小多已在出纳岗位做了快一个月的时间，每天都要登记日记账。

一、现金日记账的设置

为详细反映现金收支及结存情况，企业应设置现金日记账。现金日记账是用来核算和监督现金每天的收入、支出和结存情况的账簿，它由出纳根据审核后的同现金收付有关的记账凭证，按时间先后顺序逐日逐笔进行登记。

采用手工记账的单位，现金日记账必须采用订本式账簿，通常包含以下要素。

1. 封面

账簿封面标明账簿的名称，如图 4-1-1 所示。

图 4-1-1　现金日记账封面

2. 扉页

现金日记账账簿扉页为账簿启用表，包括单位名称、账簿名称、账簿编号、账簿页数、启用日期、经管人员（财务主管、会计、记账人员）、移交人和移交日期，接管人和接管日期、印花票据等，如图 4-1-2 所示。

3. 账页

账页是记录经济业务具体事项的载体，包括账户的名称、日期栏、凭证种类和号数栏、对方科目栏、摘要栏、金额栏、总页次与分页次等。其格式有三栏式和多栏式两种，一般常用设有“借方（收入）”“贷方（支出）”和“余额（结余）”的三栏式账页，如图 4-1-3 所示。

<table>
<tr><td colspan="15">账 簿 启 用 表</td></tr>
<tr><td>单位名称</td><td colspan="13">北京科迪商贸有限公司</td><td>单位盖章</td></tr>
<tr><td>账簿名称</td><td colspan="13">现金日记账</td><td rowspan="8">北京科迪商贸有限公司</td></tr>
<tr><td>账簿编号</td><td colspan="13">2020 年 总 册 第1 册</td></tr>
<tr><td>账簿页数</td><td colspan="13">100 页</td></tr>
<tr><td>启用日期</td><td colspan="13">2020 年 01 月 01 日</td></tr>
<tr><td rowspan="3">经管人员</td><td colspan="3">财务负责人</td><td colspan="5">主办会计</td><td colspan="5">记账</td></tr>
<tr><td>职别</td><td>姓名</td><td>盖章</td><td colspan="2">职别</td><td colspan="2">姓名</td><td>盖章</td><td colspan="2">职别</td><td colspan="2">姓名</td><td>盖章</td></tr>
<tr><td></td><td>杨秀</td><td>杨秀</td><td colspan="2"></td><td colspan="2">孙媚</td><td>孙媚</td><td colspan="2"></td><td colspan="2">钱小多</td><td>钱小多</td></tr>
<tr><td rowspan="7">交接记录</td><td rowspan="2">职称</td><td colspan="2" rowspan="2">姓名</td><td colspan="5">接管</td><td colspan="5">移交</td></tr>
<tr><td>年</td><td colspan="2">月</td><td>日</td><td>盖章</td><td>年</td><td colspan="2">月</td><td>日</td><td>盖章</td><td>印花票粘贴处</td></tr>
<tr><td></td><td colspan="2">王芳</td><td>2020</td><td colspan="2">01</td><td>01</td><td>王芳</td><td>2020</td><td colspan="2">05</td><td>07</td><td>王芳</td><td rowspan="5"></td></tr>
<tr><td></td><td colspan="2">钱小多</td><td>2020</td><td colspan="2">05</td><td>08</td><td>钱小多</td><td></td><td colspan="2"></td><td></td><td></td></tr>
<tr><td></td><td colspan="2"></td><td></td><td colspan="2"></td><td></td><td></td><td></td><td colspan="2"></td><td></td><td></td></tr>
<tr><td></td><td colspan="2"></td><td></td><td colspan="2"></td><td></td><td></td><td></td><td colspan="2"></td><td></td><td></td></tr>
<tr><td></td><td colspan="2"></td><td></td><td colspan="2"></td><td></td><td></td><td></td><td colspan="2"></td><td></td><td></td></tr>
</table>

图 4-1-2　账簿启用表

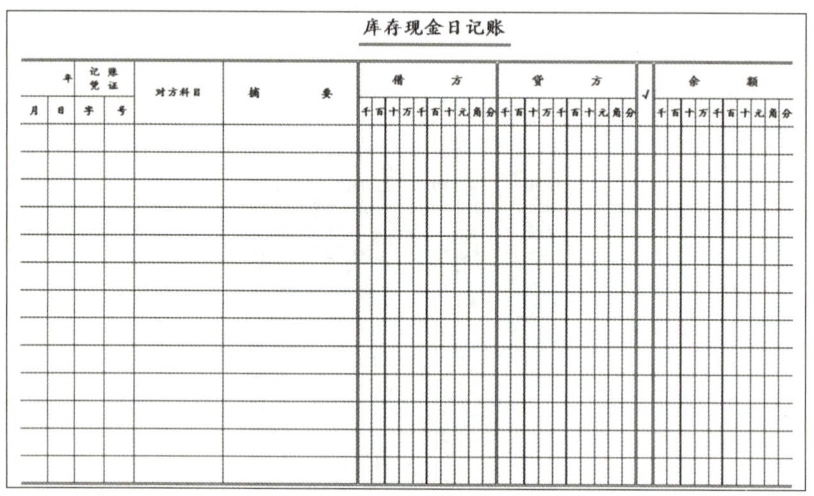

库存现金日记账

年		记账凭证		对方科目	摘要	借方	贷方	✓	余额
月	日	字	号			千百十万千百十元角分	千百十万千百十元角分		千百十万千百十元角分

图 4-1-3　库存现金日记账账页样式

二、现金日记账的启用

现金日记账是各单位重要的经济档案之一。为保证账簿使用的合法性，明确经济责任，防止舞弊行为，保证账簿资料的完整和便于查找，各单位在启用现金日记账时，首先要按规定内容逐项填写“账簿启用表”和“账户目录表”。

北京科迪商贸有限公司2020年1月1日启用现金日记账，应逐次填写（见图4-1-2）：

1. 单位名称：北京科迪商贸有限公司（要写单位全称）。
2. 账簿名称：现金日记账。
3. 账簿编号：第1册（该册日记账是本年度第几本就写第几册）。
4. 账簿页数：按该日记账的总页数填写。
5. 启用日期：按启用该账簿的实际日期填写。

6. 经管人员：由该单位财务负责人（杨秀）、会计（孙媚）、记账人员（钱小多）分别签名并加盖手章。

7. 交接记录：该单位本册日记账自2020年1月1日启用到2020年5月7日，由原出纳王芳负责登记，自2020年5月8日起，由现出纳钱小多负责登记，两名出纳分别在对应栏签字盖手章，以明确责任。

8. 单位盖章：在单位盖章处要加盖单位公章。

9. 印花税票粘贴：按《中华人民共和国印花税暂行条例》规定，现金日记账可按件贴花5元，粘贴后要用笔划两行线以示划销，印花税票不能重复使用。

10. 在一本日记账中设置有两个以上现金账户的，应在第二页“账户目录表”中注明各账户的名称和页码，方便登记和查核。

知识点

印花税是对经济活动和经济交往中书立、领受具有法律效力的凭证的行为征收的一种税。印花税的征税范围包括经济合同、产权转移书据、营业账簿、权利和许可证照。

三、现金日记账的登记

现金日记账的登记工作由出纳负责，登记现金日记账时，出纳应根据审核无误的现收凭证、现付凭证和提取现金的银付凭证逐项填写。在实际工作中，如果单位是由会计编制记账凭证，出纳也可根据复核无误、手续完备的原始凭证直接登记现金日记账。

1. 现金日记账的登记方法

（1）日期。日期栏应按照记账凭证的日期登记，不是原始凭证上记载的日期，也不是登记账簿的日期。

（2）凭证编号。“字”和“号”栏中应依据登账的记账凭证类型和编号登记，如果是现金收款凭证，就登记“现收”，如果是现金付款凭证，就登记“现付”。编号要写在号数栏，以便查账和核对。采用通用记账凭证的单位可按凭证登记“记××号”。

（3）对方科目。为了方便查看每笔现金业务的来源和去向，要按照记账凭证所列的“库存现金”的对方科目进行登记。

（4）摘要。摘要栏按照记账凭证所记录的摘要登记。

（5）借方（收入）、贷方（支出）。“借方金额栏”和“贷方金额栏”应根据相关凭证中记录的“库存现金”科目的借贷方向及金额记入。

（6）余额。余额根据“本行余额=上行余额+本行借方金额-本行贷方金额”公式计算填入；如果是新成立的单位或者上年结转的，根据期初数据或上年年末数据填入。

2. 现金日记账的登记要求

（1）现金出纳在登记现金日记账时，应当对收款凭证和付款凭证及其所附原始凭证进行仔细复核，确定无误后再据以登账。

（2）账簿所记载的内容必须同会计凭证相一致，不得随便增减。每一笔账都要记明记账凭证的日期、编号、摘要、金额和对应科目等。日记账应逐笔分行记录，不得将收款凭证和付款凭证合并登记，也不得将收款付款相抵后以差额登记。登记完毕应当逐项复核，复核无误后在记账凭证上的“账页”一栏内做出“过账”符号“√”，表示已经登记入账。

（3）逐笔、序时登记日记账，做到日清月结。为了及时掌握现金收、付和结余情况，现金日记账必须当日账务当日记录，并于当日结出余额，有些现金收、付业务频繁的单位，还应随时结出余额，以掌握收、支计划的执行情况。

（4）必须连续登记，不得跳行、隔页，不得随便更换账页和撕去账页。记账时必须按页次、行次、位次顺序登记，不得跳行或隔页登记，如不慎发生跳行、隔页时，应在空页或空行中间划线加以注销，或注明“此行空白”“此页空白”字样，并由记账人员盖章，以示负责。在一个会计年度内，账簿尚未用完时，不得以任何借口更换账簿或重抄账页。

（5）文字和数字必须整洁清晰、准确无误。在登记书写时，不要滥造简化字，不得使用同音异义字，不得写特殊字体；摘要文字紧靠左线；数字要写在金额栏内，不得越格错位、参差不齐；文字、数字字体大小适中，紧靠下线书写，上面要留有适当空距，一般应占格宽的二分之一，以备按规定的方法改错。记录金额时，若没有角、分，应分别在相应栏内写上“0”，不得省略不写或以“—”代替。阿拉伯数字一般可自左向右倾斜60°左右，使账簿记录整齐、清晰。为防止字迹模糊，墨迹未干时不要翻动账页；夏天记账时，可在手臂下垫一块软质布或纸板等书写，以防汗浸。

（6）应使用钢笔，以蓝、黑色墨水书写，不得使用圆珠笔或铅笔书写。但是，按照红字冲账凭证冲销错误记录及会计制度中规定用红字登记的业务，可以用红色墨水记账。

（7）每一账页记完后，必须按规定转页。为便于计算了解日记账中连续记录的累计数额，并使前后账页的合计数据相互衔接，在每一账页登记完毕结转下页时，应结出当月发生额合计数及余额，写在本页最后一行和下页第一行的有关栏内，并在摘要栏注明“过次页”和“承前页”字样。

（8）记录发生错误时，必须按规定方法更正。为了提供在法律上有证明效力的核算资料，保证日记账的合法性，账簿记录不得随意涂改，严禁刮、擦、挖、补，或使用化

学药物清除字迹。发现差错后，必须根据差错的具体情况采用划线更正、红字更正、补充登记等方法更正。

北京科迪商贸有限公司 5 月份库存现金日记账如图 4-1-4 所示。

库存现金日记账

2020年		记账凭证		对方科目	摘要	借方										贷方										√	余额									
月	日	字	号			千	百	十	万	千	百	十	元	角	分	千	百	十	万	千	百	十	元	角	分		千	百	十	万	千	百	十	元	角	分
05	01				承前页						5	6	0	0	0						8	0	0	0	0						3	0	0	0	0	0
05	02	现付	02	其他应收款	张兰预借差旅费															1	5	0	0	0	0						1	5	0	0	0	0
05	07	现付	03	管理费用	支付办公用品费																5	0	0	0	0						1	0	0	0	0	0
05	08	银付	01	银行存款	提取备用金					5	0	0	0	0	0																6	0	0	0	0	0
05	10	现付	04	银行存款	款存银行															1	8	0	0	0	0						4	2	0	0	0	0
05	11	现收	02	其他应收款	收取王飞水电费						1	1	6	8	0																4	3	1	6	8	0
05	11	现付	05	其他应收款	赵刚借款																5	0	0	0	0						3	8	1	6	8	0
05	11	现付	06	其他应收款	张强预借差旅费															1	0	0	0	0	0						2	8	1	6	8	0
05	13	现付	07	管理费用	报销会议费															1	5	3	0	0	0						1	2	8	6	8	0
05	20	现收	03	待处理财产损溢	现金清查长款						1	5	0	0	0																1	4	3	6	8	0
05	31				本月合计					5	8	2	6	8	0					7	6	3	0	0	0						1	4	3	6	8	0
05	31				本年累计				2	3	5	1	6	0	0				2	5	4	0	0	0	0						1	4	3	6	8	0

图 4-1-4 库存现金日记账

任务二 登记银行存款日记账

【情境导入】

出纳钱小多在工作中除了登记现金日记账，还要登记银行存款日记账。

一、银行存款日记账的设置

银行存款日记账是用来反映银行存款的收入、支出及结余情况的特种日记账，企业应按在银行开立的账户和币种分别设置。为了确保账簿的安全、完整，银行存款日记账必须采用订本式账簿。

银行存款日记账通常包含以下要素。

1. 封面

账簿封面标明账簿的名称，如图 4-2-1 所示。

图 4-2-1 银行存款日记账封面

2. 扉页

银行存款日记账的扉页为账簿启用表，包含内容和现金日记账一致，如图 4-2-2 所示。

账 簿 启 用 表

<table>
<tr><td>单位名称</td><td colspan="11">北京科迪商贸有限公司</td><td>单位盖章</td></tr>
<tr><td>账簿名称</td><td colspan="11">银行存款日记账</td><td rowspan="8">北京科迪商贸有限公司</td></tr>
<tr><td>账簿编号</td><td colspan="11">2020 年 总 册 第1 册</td></tr>
<tr><td>账簿页数</td><td colspan="11">100 页</td></tr>
<tr><td>启用日期</td><td colspan="11">2020 年 01 月 01 日</td></tr>
<tr><td rowspan="3">经管人员</td><td colspan="3">财务负责人</td><td colspan="4">主办会计</td><td colspan="4">记账</td></tr>
<tr><td>职别</td><td>姓名</td><td>盖章</td><td>职别</td><td>姓名</td><td colspan="2">盖章</td><td>职别</td><td>姓名</td><td colspan="2">盖章</td></tr>
<tr><td></td><td>杨秀</td><td>杨秀</td><td></td><td>孙媚</td><td colspan="2">孙媚</td><td></td><td>钱小多</td><td colspan="2">钱小多</td></tr>
<tr><td rowspan="8">交接记录</td><td rowspan="2">职称</td><td colspan="2" rowspan="2">姓名</td><td colspan="4">接管</td><td colspan="4">移交</td></tr>
<tr><td>年</td><td>月</td><td>日</td><td>盖章</td><td>年</td><td>月</td><td>日</td><td>盖章</td><td>印花票粘贴处</td></tr>
<tr><td></td><td>王芳</td><td></td><td>2020</td><td>01</td><td>01</td><td>王芳</td><td>2020</td><td>05</td><td>07</td><td>王芳</td><td rowspan="6"></td></tr>
<tr><td></td><td>钱小多</td><td></td><td>2020</td><td>05</td><td>08</td><td>钱小多</td><td></td><td></td><td></td><td></td></tr>
<tr><td></td><td></td><td></td><td></td><td></td><td></td><td></td><td></td><td></td><td></td><td></td></tr>
<tr><td></td><td></td><td></td><td></td><td></td><td></td><td></td><td></td><td></td><td></td><td></td></tr>
<tr><td></td><td></td><td></td><td></td><td></td><td></td><td></td><td></td><td></td><td></td><td></td></tr>
<tr><td></td><td></td><td></td><td></td><td></td><td></td><td></td><td></td><td></td><td></td><td></td></tr>
</table>

图 4-2-2　账簿启用表

3. 账页

常见的银行存款日记账的账页格式有三栏式、多栏式和收付分页式三种，实际工作中大多数采用三栏式账页格式，三栏式账页格式设有借方（或收入）、贷方（或支出）和余额（或结余）三个金额栏目，用于核算和监督银行存款每天的收入、支出和结存情况。如果收、付款凭证数量较多时，也可以采用多栏式账页，如在“借方”和“贷方”栏下按对应会计科目设立专栏。

银行存款日记账账页的样式和现金日记账基本相同，不同之处是要增设“结算凭证”栏，登记所采用的结算方式类型和凭证编号，以便与银行对账单核对，如图 4-2-3 所示。

银行存款日记账

开户行：

账号：

<table>
<tr><td colspan="2">年</td><td colspan="2">记账凭证</td><td colspan="2">结算凭证</td><td rowspan="2">对方科目</td><td rowspan="2">摘要</td><td colspan="10">借方</td><td colspan="10">贷方</td><td rowspan="2">借或贷</td><td colspan="10">余额</td></tr>
<tr><td>月</td><td>日</td><td>字</td><td>号</td><td>种类</td><td>号码</td><td>千</td><td>百</td><td>十</td><td>万</td><td>千</td><td>百</td><td>十</td><td>元</td><td>角</td><td>分</td><td>千</td><td>百</td><td>十</td><td>万</td><td>千</td><td>百</td><td>十</td><td>元</td><td>角</td><td>分</td><td>千</td><td>百</td><td>十</td><td>万</td><td>千</td><td>百</td><td>十</td><td>元</td><td>角</td><td>分</td></tr>
</table>

图 4-2-3　银行存款日记账账页样式

二、银行存款日记账的启用

银行存款日记账也是各单位重要的经济档案之一，在启用账簿时，应按照有关规定和要求填写“账簿启用表”和“账户目录表”，具体内容和要求可参照现金日记账的启用方法。

北京科迪商贸有限公司2020年1月1日启用银行存款日记账，应逐项填写账簿启用表（见图4-2-2），账簿名称填写银行存款日记账，单位名称、账簿编号、账簿页数、启用日期、经管人员、交接记录、单位盖章、印花税票粘贴、账户目录等内容的填写参照现金日记账的填写方法。

记账人员或者会计机构负责人、会计主管人员调动工作时，应当注明交接日期、接办人员或者监交人员姓名，并由交接双方人员签名或者盖章。该公司本册银行存款日记账从2020年1月1日开始启用到2020年5月7日，由原出纳王芳负责登记，自5月8日起，由现出纳钱小多负责登记，交接双方分别在对应栏签字并盖手章，以明确责任。

知识点

填制账簿启用交接表的注意事项

1. 经管人员需加盖相关人员人名章。
2. 粘贴印花税票并划双横线。
3. 对于活页式的明细账，一般在最后装订成册后再填写账簿启用交接表。
4. 如果明细账分若干本，还需在交接表中填列账簿名称。

三、银行存款日记账的登记

登记银行存款日记账是出纳的日常工作之一，出纳需要根据审核无误的记账凭证逐笔登记银行存款日记账。具体来说，如果单位采用通用记账凭证，应根据涉及银行存款收付的记账凭证和所附原始凭证登记银行存款日记账。如果单位采用专用记账凭证，应根据银行存款收款凭证、银行存款付款凭证、现金送存银行的现付凭证和所附原始凭证登记银行存款日记账。在实际工作中，如果单位是由会计人员编制记账凭证，出纳也可以根据手续完备且审核无误的原始凭证直接登记银行存款日记账。

1. 银行存款日记账的登记方法

（1）日期。填写登记银行存款日记账所依据的记账凭证上的日期。注意不是原始凭证上记载的发生或完成该经济业务的日期，也不是实际登记该账簿的日期。

（2）凭证字号。依据登账的会计凭证类型及编号填写。若单位采用通用记账凭证格式，根据记账凭证填写“记××号”；若单位采用专用记账凭证格式，根据银行存款收款凭证、银行存款付款凭证、现金送存银行现付凭证填写“收××号”“付××号”，或者“银收××号”“银付××号”“现付××号”。

（3）结算方式。填写结算方式的种类和相应的号码。常见的结算方式有汇兑、现金支票、转账支票、商业承兑汇票、银行承兑汇票、现金缴款单等。

（4）对方科目。按照记账凭证所列“银行存款”的对方科目进行登记。填写时应注意以下三点：第一，对应科目只填总账科目，不填明细科目；第二，当对应科目有多个时，应填入主要对应科目，如销售产品取得银行存款，则“银行存款”的对应科目有“主营业务收入”和“应交税费”，此时可在对应科目栏中填入“主营业务收入”，在借方金额栏中填入取得的银行存款总额，而不能将一笔银行存款增加业务拆分成两个对应科目金额填入两行；第三，当对应科目有多个且不能从科目上划分出主次时，可在对应科目栏中填入其中金额较大的科目，并在其后加上“等”字。例如，用银行存款 1 800 元购买办公用品，其中 600 元由车间负担，1 200 元由行政管理部门负担，则在银行存款日记账“对应科目”栏中填入“管理费用等”，在贷方金额栏中填入支付的银行存款总额 1 800 元。

（5）摘要。填写入账的经济业务内容。登记时可依据记账凭证上的摘要内容。新成立的单位填写期初余额，年度结转的单位填写上年结转。

（6）借方（收入）、贷方（支出）。借方、贷方金额根据相关凭证中记录的“银行存款”科目的借贷方向及金额进行登记。

（7）余额。根据“本行余额=上行余额+本行借方金额-本行贷方金额”公式计算填入；如果是新成立的单位或者上年结转的，根据期初数据或上年年末数据填入。

注意：银行存款日记账余额默认是借方，若在登记银行存款日记账过程中出现贷方余额，则在余额栏用红字登记，表示贷方余额。

2. 银行存款日记账的登记要求

银行存款日记账由出纳专门负责登记，登记时必须做到反映经济业务的内容完整，登记账目及时，凭证齐全，账证相符，数字真实、准确，书写工整，摘要清楚明了，便于查阅，不重记，不漏记，不错记，按期结算，不拖延积压，按规定方法更正错账，从而使账目既能明确经济责任，又清晰美观。银行存款日记账具体的登记要求与现金日记账基本相同，此处不再赘述。

北京科迪商贸有限公司 5 月份银行存款日记账如图 4-2-4 所示。

银行存款日记账应定期与银行对账单核对，至少每月核对一次。月度终了，企业账

银行存款日记账

开户行：北京科迪商贸有限公司
账号：4141075131327036651

2020 年		记账凭证		对方科目	摘要	结算凭证		借方（千百十万千百十元角分）	贷方（千百十万千百十元角分）	借或贷	余额（千百十万千百十元角分）
月	日	字	号			种类	号码				
05	01				承前页					借	18000000
05	03	银收	01	应收账款	收回欠款	汇兑	12670269	1500000		借	19500000
05	05	银收	02	主营业务收入	销售货物	委托收款	357803	2034000		借	21534000
05	08	银付	01	库存现金	提取备用金	现金支票	94698377		500000	借	21034000
05	10	现付	04	库存现金	款存银行	现金缴款单		180000		借	21214000
05	12	银付	02	应付职工薪酬	支付工资	转账			6981480	借	14232520
05	13	银付	03	应交税费	缴纳税费	转账			2458520	借	11774000
05	17	银付	04	财务费用	支付手续费	转账			3500	借	11770500
05	17	银付	05	应付账款	支付货款	转账支票	6405115		5000000	借	6770500
05	17	银收	03	应收账款	收到货款	转账支票	65969539	3500000		借	10270500
05	18	银付	06	其他货币资金	签发银行本票	银行本票	16386724		5000000	借	5270500
05	29	银收	04	主营业务收入	销售货物	转账支票	53616870	31640000		借	36910500
05	30	银付	07	库存商品	购买货物	转账支票	6405116		1243000	借	35667500
05	31				本月合计			38854000	21186500	借	35667500
05	31				本年累计			135730000	103850000	借	35667500

图 4-2-4　银行存款日记账

面余额与银行对账单余额之间如有差额，则必须逐笔查明原因进行处理，并按月编制银行存款余额调节表。

任务三　登记备查账簿

【情境导入】

出纳的另一项重要工作是设置和登记备查账簿。

一、备查账簿的设置

1. 设置备查账簿的意义

备查账簿（也称辅助账簿）是对某些在日记账和分类账中不能登记或登记不全的会计事项进行补充登记的账簿。设置备查账簿可以加强单位的内部管理，并为某些经济业务的详细内容提供必要可查的参考资料。备查账簿对完善单位会计核算、加强单位内部控制与管理、强化对重要经济业务事项的监督、明确会计交接责任、准确填列财务会计报告附注内容等都有重要意义。

2. 备查账簿的种类

出纳所涉及的备查账簿主要有支票领用登记簿，应收票据备查簿，应付票据备查簿，

托收承付、委托收款登记簿，托收承付、委托收款付款登记簿等。

知识点

备查账簿没有固定的格式，与其他账簿之间也不存在严密的勾稽关系，并不是每个单位都要设置备查账簿。单位应根据具体的内部管理需要决定是否设置必要的备查账簿，其格式可以由各单位自行确定。

二、备查账簿的登记

备查账簿主要用于登记资产负债表表内（或分类账账内）需要说明原因的重要交易或事项，或资产负债表表外（或分类账账外）的重要交易或事项。它可以补充说明总分类账和明细分类账所不能详细反映的资料，具有备查备忘的基本作用。例如，分类账内没有反映的担保事项、分类账内虽已记录但性质重要的应收票据，都需要在备查账簿进行登记说明。本任务以支票领用登记簿和应收票据备查登记簿为例，说明备查账簿的登记方法。

1. 支票领用登记簿

支票领用登记簿是用以记录和反映支票领用和报销情况的一种账簿。

支票领用登记簿的登记方法：签发时，出纳应在支票领用登记簿上填写签发日期、支票号码、收款单位、用途和金额等，并由领用人签名或盖章。

应用举例：2020 年 6 月 5 日，出纳签发现金支票提取备用金，根据现金支票存根（见图 4-3-1）登记支票领用登记簿（见图 4-3-2）。

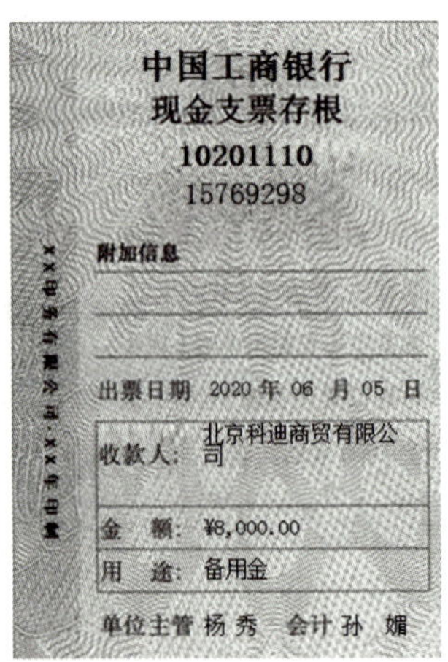

中国工商银行
现金支票存根
10201110
15769298

附加信息

出票日期 2020 年 06 月 05 日

收款人：北京科迪商贸有限公司

金　额：¥8,000.00

用　途：备用金

单位主管 杨秀　会计 孙媚

图 4-3-1　现金支票存根

支票领用登记簿

支票类别：现金支票　　　　2020 年 06 月　　　　银行账号：414107513132703××××

日期		支票号码	支票用途	金额										领用人	报销日期		备注
月	日			千	百	十	万	千	百	十	元	角	分		月	日	
06	01	15769148	提取备用金				3	6	8	0	0	0	0	钱小多			
06	02	15769295	支付差旅费					2	3	5	8	0	0	钱小多			
06	03	15769296	提取备用金				2	8	0	0	0	0	0	钱小多			
06	05	15769297	采购电视机				2	0	0	0	0	0	0	李 纳			
06	05	15769298	提取备用金					8	0	0	0	0	0	钱小多			

图 4-3-2　支票领用登记簿

知识点

支票领用部门要填写支票领用登记簿，财务部门对使用的支票要按号登记、定期核对、及时注销，领用人领用支票时要在“领用人”栏签名或盖章。

2. 应收票据备查登记簿

应收票据备查登记簿是用以记录和反映采用商业汇票结算方式时，销货单位收到购货单位承兑的商业汇票和汇票到期日收回货款或退回承兑商业汇票以及将票据贴现、转让等情况的一种账簿。

应收票据备查登记簿的“购货单位”“合同号码”和“商业汇票记录”栏根据收到的商业承兑汇票填列；“收款、贴现、转让记录”栏分别根据银行转来的收款通知、银行同意贴现的收款通知以及票据转让的时间、金额填列。应收票据到期结清票款或退票后，应当在应收票据备查登记簿内逐笔注销。

应用举例：2020 年 6 月 20 日，北京科迪商贸有限公司向永乐家电商城销售电视机 10 台，增值税专用发票如图 4-3-3 所示，同日收到永乐家电商城 6 月 20 日签发并承兑的商业承兑汇票 2 张，如图 4-3-4 和图 4-3-5 所示。

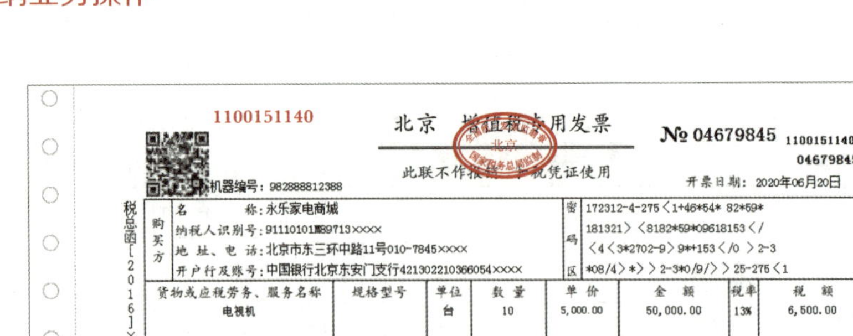

1100151140

北京 增值税专用发票

№ 04679845 1100151140 04679845

此联不作报销、扣税凭证使用

机器编号：982888812388 开票日期：2020年06月20日

购买方	名称：永乐家电商城 纳税人识别号：91110101M89713×××× 地址、电话：北京市东三环中路11号010-7845×××× 开户行及账号：中国银行北京东安门支行421302210366054××××			密码区	172312-4-275<1+46*54* 82*59* 181321><8182*59*09618153</ <4<3*2702-9>9*+153</0 >2-3 *08/4>*>>2-3*0/9/>>25-275<1		
货物或应税劳务、服务名称	规格型号	单位	数量	单价	金额	税率	税额
电视机		台	10	5,000.00	50,000.00	13%	6,500.00
合计					¥50,000.00		¥6,500.00
价税合计（大写）	⊗伍万陆仟伍佰元整				（小写）¥56,500.00		
销售方	名称：北京科迪商贸有限公司 纳税人识别号：91110101M76856×××× 地址、电话：北京市知春路474号010-5135×××× 开户行及账号：中国工商银行北京市纳文路支行414107513132703××××			备注	校验码 52118 02847 08248 65199		

收款人：钱小多 复核：孙媚 开票人：钱小多 销售方：（章）

税总函[2016]××号××××公司

第一联：记账联 销售方记账凭证

图 4-3-3 增值税专用发票

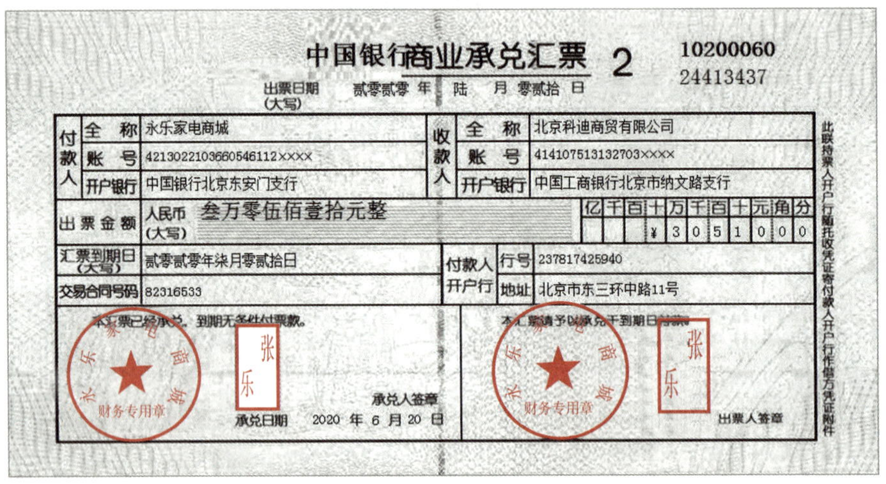

中国银行商业承兑汇票 2

10200060
24413437

出票日期（大写） 贰零贰零年 陆月 零贰拾日

付款人	全称	永乐家电商城	收款人	全称	北京科迪商贸有限公司
	账号	4213022103660546112××××		账号	414107513132703××××
	开户银行	中国银行北京东安门支行		开户银行	中国工商银行北京市纳文路支行
出票金额	人民币（大写）	叁万零伍佰壹拾元整			¥3051000
汇票到期日（大写）	贰零贰零年柒月零贰拾日		付款人开户行	行号	237817425940
交易合同号码	82316533			地址	北京市东三环中路11号

本汇票已经承兑，到期无条件付票款。 承兑人签章 承兑日期 2020年6月20日

本汇票请予以承兑于到期日付款。 出票人签章

此联持票人开户行随托收凭证寄付款人开户行作借方凭证附件

图 4-3-4 商业承兑汇票 1

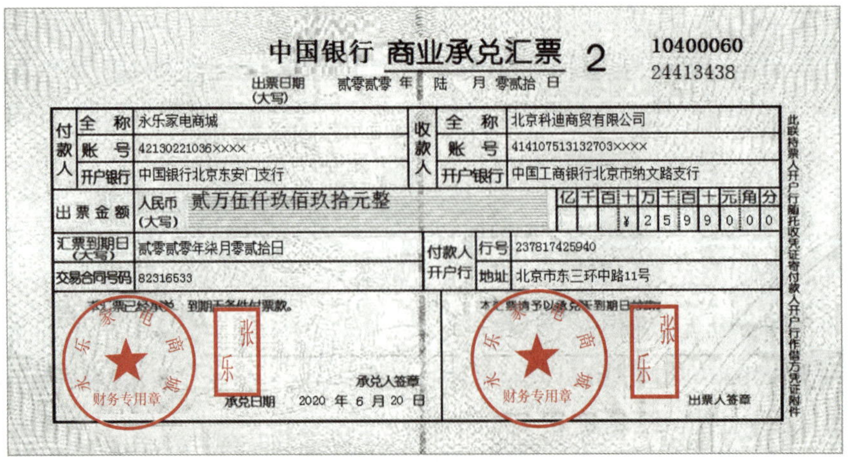

中国银行 商业承兑汇票 2

10400060
24413438

出票日期（大写） 贰零贰零年 陆月 零贰拾日

付款人	全称	永乐家电商城	收款人	全称	北京科迪商贸有限公司
	账号	42130221036××××		账号	414107513132703××××
	开户银行	中国银行北京东安门支行		开户银行	中国工商银行北京市纳文路支行
出票金额	人民币（大写）	贰万伍仟玖佰玖拾元整			¥2599000
汇票到期日（大写）	贰零贰零年柒月零贰拾日		付款人开户行	行号	237817425940
交易合同号码	82316533			地址	北京市东三环中路11号

本汇票已经承兑，到期无条件付票款。 承兑人签章 承兑日期 2020年6月20日

本汇票请予以承兑于到期日付款。 出票人签章

此联持票人开户行随托收凭证寄付款人开户行作借方凭证附件

图 4-3-5 商业承兑汇票 2

出纳此时应据此登记应收票据备查登记簿，如图 4-3-6 所示。

应收票据备查登记簿

购货单位	合同号码	商业汇票记录					产品发出记录					收款、贴现、转让记录						
												已收款		已贴现		已转让		
		票据种类	签发日期	汇票号码	承兑日期	货款金额	发货日期	发票号码	产品名称	数量	货款金额	日期	金额	日期	金额	日期	被背书单位	金额
永乐家电	8231653	商业承兑汇票	6.20	24413437	7.20	30510	6.10	04679845	电视机	10	56500							
永乐家电	8231653	商业承兑汇票	6.20	24413438	7.20	25990	6.10	04679845										

图 4-3-6　应收票据备查登记簿

承接上面信息，7 月 16 日，北京科迪商贸有限公司向深圳宏兴电器股份有限公司采购电视机 5 台，增值税专用发票如图 4-3-7 所示，经与该公司协商，同意将永乐家电商城 7 月 20 日到期的商业承兑汇票（票号 24413438）背书转让给该公司以结清货款，如图 4-3-8 所示，此时出纳应登记应收票据备查登记簿。

7 月 20 日，出纳将到期的商业承兑汇票（号码为 24413437）填写委托收款结算凭证，金额 30 510 元，委托开户银行办理托收。7 月 22 日，财务人员收到银行转来的“收账通知”并进行账务处理，此时出纳登记应收票据备查登记簿，如图 4-3-9 所示。

4400151140　　广东增值税专用发票　　№ 22419695　4400151140　22419695

发票联

机器编号：982888812388　　开票日期：2020年07月16日

购买方　名　　称：北京科迪商贸有限公司
纳税人识别号：91110101M76856××××
地 址、电 话：北京市知春路474号010-5135××××
开户行及账号：中国工商银行北京市纳文路支行4141075131327O3××××

密码区　172312-4-275<1+46*54* 82*59*
181321><8182*59*09618153</
<4<3*2702-9>9*+153</0>2-3
08/4>>>2-3*0/9/>>25-275<1

货物或应税劳务、服务名称	规格型号	单位	数量	单价	金额	税率	税额
电视机	创维	台	5	4,600.00	23,000.00	13%	2,990.00
合　　计					¥23,000.00		¥2,990.00

价税合计（大写）　ⓧ贰万伍仟玖佰玖拾元整　　（小写）¥25,990.00

销售方　名　　称：深圳宏兴电器股份有限公司
纳税人识别号：91440303M16402××××
地 址、电 话：深圳市盐田区金融路108号0755-2369××××
开户行及账号：中国银行深圳松安支行456806320111002××××

备注　校验码 52118 02817 08248 65190

收款人：萧燕　　复核：杜丽　　开票人：李威　　销售方：（章）

税总函[2016]××号×××公司

第三联：发票联　购买方记账凭证

图 4-3-7　增值税专用发票

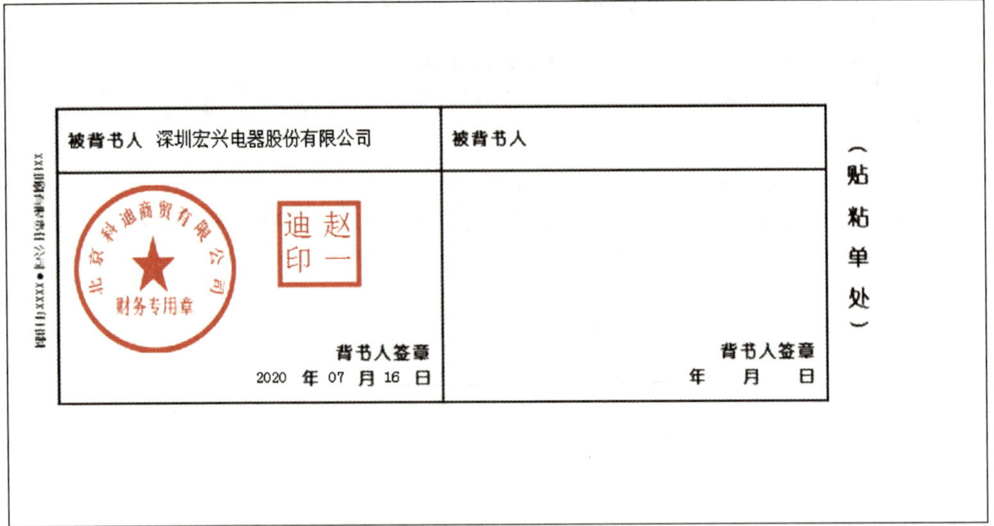

被背书人 深圳宏兴电器股份有限公司	被背书人
北京科迪商贸有限公司 财务专用章 赵一 迪印 背书人签章 2020 年 07 月 16 日	背书人签章 年 月 日

（贴粘单处）

图 4-3-8 商业承兑汇票背书联

应收票据备查登记簿

购货单位	合同号码	商业汇票记录					产品发出记录					收款、贴现、转让记录						
												已收款		已贴现		已转让		
		票据种类	签发日期	汇票号码	承兑日期	货款金额	发货日期	发票号码	产品名称	数量	货款金额	日期	金额	日期	金额	日期	被背书单位	金额
永乐家电	8231653	商业承兑汇票	6.20	24413437	7.20	30510	6.10	04679845	电视机	10	56500	7.20	30510					
永乐家电	8231653	商业承兑汇票	6.20	24413438	7.20	25990	6.10	04679845								7.16	深圳宏兴	25990

图 4-3-9 应收票据备查登记簿

知识点

各单位应根据国家统一会计制度的要求，结合管理需要和满足填报会计报表附注的需要，规范备查账簿的设置和登记工作。设置内容应科学、完整，设置格式应简捷、明了，可采用订本式或活页式等形式。在登记管理上，应建立相应的责任制度，明确何时登记、谁登记、谁保管、谁配合、谁检查，做到责任分明，并将备查账簿纳入企业重要的会计档案进行管理，有条件的企业可以开发必要的备查登记软件。

思考与练习

1. 北京科迪商贸有限公司银行存款基本户2020年5月末余额为356 675.00元，6月初发生如下图所示几笔业务，均从基本户收支。请登记6月份此账户银行存款日记账。

基本户开户行：中国工商银行北京市纳文路支行

账号：414107513132703××××

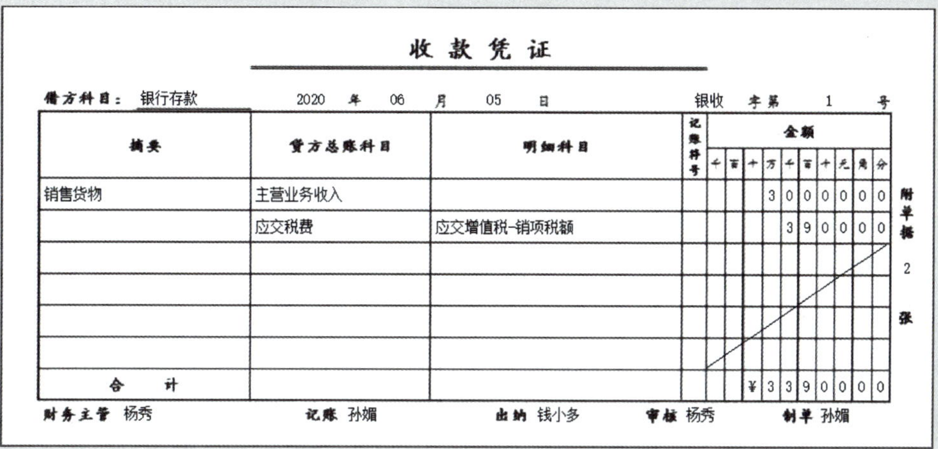

收款凭证

借方科目：银行存款　　2020 年 06 月 05 日　　银收 字第 1 号

摘要	贷方总账科目	明细科目	记账符号	千	百	十	万	千	百	十	元	角	分
销售货物	主营业务收入						3	0	0	0	0	0	0
	应交税费	应交增值税-销项税额						3	9	0	0	0	0
合　计						¥	3	3	9	0	0	0	0

附单据 2 张

财务主管 杨秀　记账 孙媚　出纳 钱小多　审核 杨秀　制单 孙媚

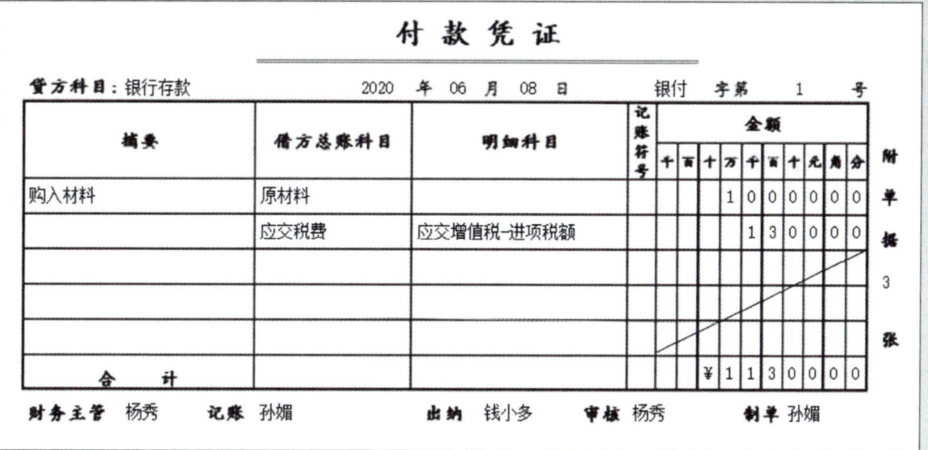

付款凭证

贷方科目：银行存款　　2020 年 06 月 08 日　　银付 字第 1 号

摘要	借方总账科目	明细科目	记账符号	千	百	十	万	千	百	十	元	角	分
购入材料	原材料						1	0	0	0	0	0	0
	应交税费	应交增值税-进项税额						1	3	0	0	0	0
合　计						¥	1	1	3	0	0	0	0

附单据 3 张

财务主管 杨秀　记账 孙媚　出纳 钱小多　审核 杨秀　制单 孙媚

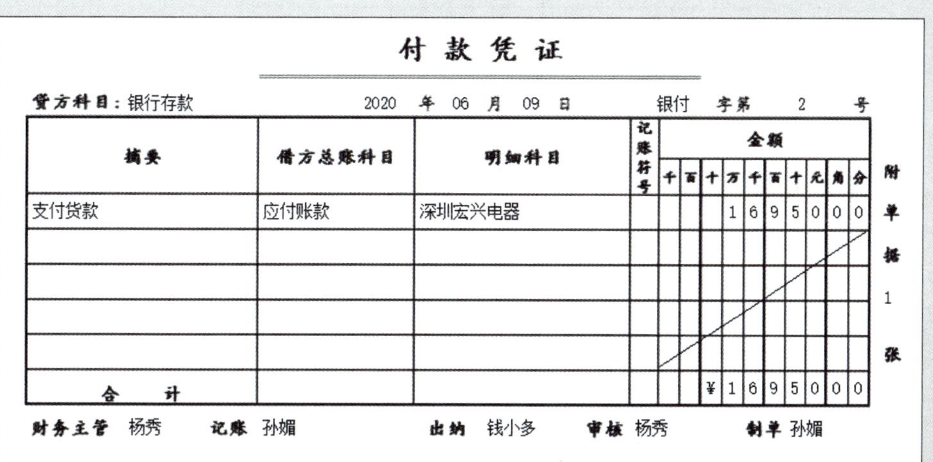

付款凭证

贷方科目：银行存款　　2020 年 06 月 09 日　　银付 字第 2 号

摘要	借方总账科目	明细科目	记账符号	千	百	十	万	千	百	十	元	角	分
支付货款	应付账款	深圳宏兴电器					1	6	9	5	0	0	0
合　计						¥	1	6	9	5	0	0	0

附单据 1 张

财务主管 杨秀　记账 孙媚　出纳 钱小多　审核 杨秀　制单 孙媚

银行存款日记账

开户行：

账号：

年		记账凭证		结算凭证		对方科目	摘要	借方										贷方										借或贷	余额									
月	日	字	号	种类	号码			千	百	十	万	千	百	十	元	角	分	千	百	十	万	千	百	十	元	角	分		千	百	十	万	千	百	十	元	角	分

2. 2020年6月28日，北京科迪商贸有限公司按合同（合同号1236786）向永乐家电商城销售空调20台，开具增值税专用发票（票号94351257），金额60 000元，税额7 800元，并于当日发货，7月3日收到永乐家电商城7月1日签发、11月1日到期的商业承兑汇票3张，票号分别为0985466、0985467、0985468，对应金额分别为20 000元、30 000元和17 800元。

11月1日，出纳将到期的这3张商业承兑汇票填写委托收款结算凭证，委托开户银行办理托收，11月3日收到银行转来的“收账通知”，进行账务处理。请登记如下图所示的应收票据备查簿。

应收票据备查登记簿

购货单位	合同号码	商业汇票记录					产品发出记录					收款、贴现、转让记录						
												已收款		已贴现		已转让		
		票据种类	签发日期	汇票号码	承兑日期	货款金额	发货日期	发票号码	产品名称	数量	货款金额	日期	金额	日期	金额	日期	被背书单位	金额

项目五
月末业务处理

学习目标

知识目标

1. 掌握库存现金和银行存款的清查方法。
2. 掌握月末结账和年末结账的规范要求。
3. 了解资金报表的结构和编制方法。

能力目标

1. 能熟练进行库存现金和银行存款的清查工作。
2. 能规范进行日记账的月末结账和年末结账工作。
3. 能够按需求编制资金报表。

思维导图

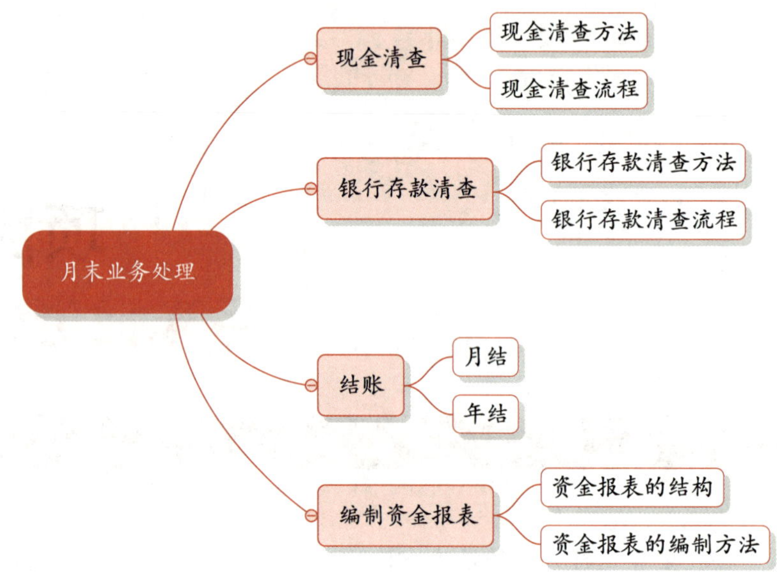
月末业务处理
现金清查
现金清查方法
现金清查流程
银行存款清查
银行存款清查方法
银行存款清查流程
结账
月结
年结
编制资金报表
资金报表的结构
资金报表的编制方法

任务一　现金清查

【情境导入】

5 月 20 日，北京科迪商贸有限公司清查小组将对库存现金进行清查。

一、现金清查方法

库存现金是单位流动性最强的资产，为保证现金的安全完整、账实相符，防范资金风险，加强资金管理，单位应建立库存现金清查制度，做好库存现金的清查工作。

库存现金的清查一般采用实地盘点法，即通过盘点确定现金的实存数，然后将实存数与现金日记账的账面余额进行核对，以查明账实是否相符。

库存现金的清查分为经常性清查、定期或不定期清查。经常性清查是指出纳每日清点库存现金实有数，并与现金日记账的账面余额进行核对，这是出纳每天进行的工作，经常性清查便于及时发现差错并更正。定期或不定期清查是指由有关领导和专业人员组成清查小组，定期或不定期对库存现金情况进行清查盘点。这种清查主要是为了加强对出纳工作的监督，及时发现可能发生的库存现金差错或者丢失，防止违法违纪行为的发生。

二、现金清查流程

本次现金的清查工作由清查小组完成，清查小组由会计主管和会计组成，会计主管负责审批，会计负责监督，出纳应该始终在场，主要负责将未入账的收、付款凭证全部入账并盘点现金。现金清查流程如下。

1. 将未入账的收、付款凭证全部登账

出纳汇总所有关于现金的收、付款凭证，将未入账的凭证全部登账，北京科迪商贸有限公司 5 月份库存现金日记账如图 5-1-1 所示。

将所有凭证入账并结出库存现金日记账余额，从图 5-1-1 中可以看出余额数为 ¥1 286. 80，应将此数填列在库存现金盘点表中。

2. 清点库存现金

5 月 20 日，出纳取出保险柜中的全部库存现金，逐一清点并加总在一起，计算出实存数（借条、收据等单据都不得抵充现金数），会计从旁监督，本次盘点库存现金的数额为 ¥1 436. 80，应将此数填列在库存现金盘点表中。

3. 核对

将现金日记账的账面数 ¥1 286. 80 与现金实存数 ¥1 436. 80 进行核对，发现账实不

库存现金日记账

2020 年		记账凭证		对方科目	摘要	借方（千百十万千百十元角分）	贷方（千百十万千百十元角分）	√	余额（千百十万千百十元角分）
月	日	字	号						
05	01				承前页	56000	80000		300000
05	02	现付	02	其他应收款	张兰预借差旅费		150000		150000
05	07	现付	03	管理费用	支付办公用品费		50000		100000
05	08	银付	01	银行存款	提取备用金	500000			600000
05	10	现付	04	银行存款	款存银行		180000		420000
05	11	现收	02	其他应收款	收取王飞水电费	11680			431680
05	11	现付	05	其他应收款	赵刚借款		50000		381680
05	11	现付	06	其他应收款	张强预借差旅费		100000		281680
05	13	现付	07	管理费用	报销会议费		153000		128680

图 5-1-1　库存现金日记账

符，现金长款￥150.00，经核查，此款项属于未支付给职工王飞的电话费。

4. 填写库存现金盘点表

根据库存现金的盘点情况填写库存现金盘点表（见图 5-1-2），依次填入日期、实存数、账存数、差额、处理意见等，审批人、监盘人、盘点人分别在库存现金盘点表上签章。

库 存 现 金 盘 点 表

2020 年 05 月 20 日　　　　单位:元

票面额	张数	金额	票面额	张数	金额
壹佰元	10	1,000.00	伍　角	1	0.50
伍拾元	4	200.00	贰　角	0	0.00
贰拾元	6	120.00	壹　角	3	0.30
拾　元	7	70.00	伍　分	0	0.00
伍　元	9	45.00	贰　分	0	0.00
贰　元	0	0.00	壹　分	0	0.00
壹　元	1	1.00	合　计	41	¥1,436.80
现金日记账账面余额:¥1,286.80					
差额:¥150.00					
处理意见：现金长款经查属于应支付给单位职工的费用，计入其他应付款。					

审批人(签章)：杨秀　　监盘人(签章)：孙媚　　盘点人(签章)：钱小多

图 5-1-2　库存现金盘点表

5. 清查结果的处理

会计根据库存现金盘点表编制记账凭证，出纳根据审核无误的记账凭证调整库存现金日记账，如图 5-1-3 所示。

库存现金日记账

2020 年		记账凭证		对方科目	摘要	借方										贷方										√	余额									
月	日	字	号			千	百	十	万	千	百	十	元	角	分	千	百	十	万	千	百	十	元	角	分		千	百	十	万	千	百	十	元	角	分
05	01				承前页						5	6	0	0	0						8	0	0	0	0						3	0	0	0	0	0
05	02	现付	02	其他应收款	张兰预借差旅费															1	5	0	0	0	0						1	5	0	0	0	0
05	07	现付	03	管理费用	支付办公用品费																5	0	0	0	0						1	0	0	0	0	0
05	08	银付	01	银行存款	提取备用金					5	0	0	0	0	0																6	0	0	0	0	0
05	10	现付	04	银行存款	款存银行															1	8	0	0	0	0						4	2	0	0	0	0
05	11	现收	02	其他应收款	收取王飞水电费						1	1	6	8	0																4	3	1	6	8	0
05	11	现付	05	其他应收款	赵刚借款																5	0	0	0	0						3	8	1	6	8	0
05	11	现付	06	其他应收款	张强预借差旅费															1	0	0	0	0	0						2	8	1	6	8	0
05	13	现付	07	管理费用	报销会议费															1	5	3	0	0	0						1	2	8	6	8	0
05	20	现收	03	待处理财产损溢	现金清查长款						1	5	0	0	0																1	4	3	6	8	0

图 5-1-3　调整后的库存现金日记账

经过出纳调整，库存现金日记账中现金的实存数与账存数相等。

知识点

库存现金清查结果可能会有以下几种：账实相符、账实不符、公款私用、白条抵库、超额留存现金。

清查后发现公款私用的，如挪用公款、存入私人账户用于个人消费，要及时追查相关责任人；清查后发现白条抵库的，应及时查找原因，并要求换取正式票据，各单位应坚决杜绝白条抵库，以免给单位带来不必要的损失；清查后发现超限额留存现金的，要将超出限额部分的现金及时送存银行。

清查后账实相符的，根据库存现金的盘点情况填写库存现金盘点表，无须做账务处理。清查后账实不符的，先通过“待处理财产损溢”科目核算，按照管理权限报经批准后，应支付给其他单位或个人的，应计入“其他应付款”；无法查明原因的现金溢余，计

入“营业外收入”；属于应收其他单位或责任人的，计入“其他应收款”；无法查明原因的现金短缺，计入“管理费用”。

小提示

库存现金清查注意事项

1. 清查前将未入账的收付票据及时登账，结出当日现金日记账余额。

2. 清查时出纳必须在场，库存现金由出纳经手盘点，清查人员从旁监查。同时，清查人员应认真审核库存现金收付凭证和有关账簿，检查账务处理是否合理合法、账簿记录有无错误，确定账存数和实存数是否相符。

任务二 银行存款清查

【情境导入】

北京科迪商贸有限公司要求出纳对 5 月份的银行存款日记账进行清查。

一、银行存款清查方法

为了保证银行存款账目正确无误，单位应定期进行银行存款进行清查，每月至少一次。

银行存款清查通常采用与开户银行核对账目的方法进行，即将开户银行转过来的对账单与本单位出纳登记的银行存款日记账逐笔进行核对，以查明银行存款收、付及余额是否相符。银行存款清查一般在月末进行。

二、银行存款清查流程

银行存款清查流程如下。

1. 领取银行对账单

出纳去开户行取回银行对账单，图 5-2-1 为基本户中国工商银行北京市纳文路支行 5 月份对账单。

2. 检查本单位银行存款日记账的正确性和完整性

5 月 31 日，出纳登记完所有账目，检查确认无误的基本户银行存款日记账如图 5-2-2 所示。

中国工商银行北京市纳文路支行 对账单

户名：北京科迪商贸有限公司　　　　　　　　　　　　　　页

账号：414107513132703××××　　2020 年　05 月　31 日止　　利率：　%

（印章：中国工商银行 北京市纳文路支行 业务专用章 E60522EE8907）

日期	摘要	结算凭证		借方	贷方	余额
		种类	号数			
2020年05月03日	货款				15,000.00	195,000.00
2020年05月05日	货款				20,340.00	215,340.00
2020年05月08日	提取备用金			5,000.00		210,340.00
2020年05月10日	存现				1,800.00	212,140.00
2020年05月12日	工资			69,814.80		142,325.20
2020年05月13日	税费			24,585.20		117,740.00
2020年05月17日	手续费			35.00		117,705.00
2020年05月17日	货款			50,000.00		67,705.00
2020年05月17日	货款				35,000.00	102,705.00
2020年05月18日	签发银行本票			50,000.00		52,705.00
2020年05月29日	结息				512.00	53,217.00
2020年05月29日	电话费			1,860.00		51,357.00

图 5-2-1　银行对账单

银行存款日记账

开户行：北京科迪商贸有限公司

账号：414107513132703××××

2020 年		记账凭证		对方科目	摘要	结算凭证		借方（千百十万千百十元角分）	贷方（千百十万千百十元角分）	借或贷	余额（千百十万千百十元角分）
月	日	字	号			种类	号码				
05	01				承前页					借	18000000
05	03	银收	01	应收账款	收回欠款	汇兑	12670269	1500000		借	19500000
05	05	银收	02	主营业务收入	销售货物	委托收款	357803	2034000		借	21534000
05	08	银付	01	库存现金	提取备用金	现金支票	94698377		500000	借	21034000
05	10	现付	04	库存现金	款存银行	现金缴款单		180000		借	21214000
05	12	银付	02	应付职工薪酬	支付工资	转账			6981480	借	14232520
05	13	银付	03	应交税费	缴纳税费	转账			2458520	借	11774000
05	17	银付	04	财务费用	支付手续费	转账			3500	借	11770500
05	17	银付	05	应付账款	支付货款	转账支票	6405115		5000000	借	6770500
05	17	银收	03	应收账款	收到货款	转账支票	65969539	3500000		借	10270500
05	18	银付	06	其他货币资金	签发银行本票	银行本票	16386724		5000000	借	5270500
05	29	银收	04	主营业务收入	销售货物	转账支票	53616870	31640000		借	36910500
05	30	银付	07	库存商品	购买货物	转账支票	6405116		12430000	借	35667500
05	31				本月合计			38854000	211865000	借	35667500
05	31				本年累计			135730000	1038500000	借	35667500

图 5-2-2　银行存款日记账

3. 逐笔核对银行存款日记账与银行对账单

核对时需对凭证的记账日期、种类、编号、摘要、记账方向、金额等内容逐项核对，银行对账单借方发生额核对的是银行存款日记账贷方发生额，银行对账单贷方发生额核对的是银行存款日记账借方发生额（相反方向）。

4. 查明账实不符的原因

如果发现两者账目出现不一致的情况，应及时查明原因。两者账目出现不一致，有两种可能：一是企业或银行记录有误，这种情况应及时更正；二是发生未达账项。

未达账项是指对同一项经济业务，企业和银行之间由于凭证传递的时间差，造成一方已登记入账，另一方因未收到相关凭证而尚未入账的款项，具体有以下四种情况：

（1）企业已收，银行未收。企业已经收款入账，银行因未办理完转账手续而未收款入账的款项。

（2）企业已付，银行未付。企业已经付款入账，银行因未办理完转账手续而未付款入账的款项。

（3）银行已收，企业未收。银行已经收款入账，企业因未收到银行的收款通知而未收款入账的款项。

（4）银行已付，企业未付。银行已经付款入账，企业因未收到银行的付款通知而未付款入账的款项。

会计对北京科迪商贸有限公司基本户5月份银行存款日记账与银行对账单进行逐笔核对，发现存在以下未达账项：

（1）5月29日，北京科迪商贸有限公司收到永乐家电商城转账支票一张，金额为316 400元，已送存银行，并根据进账单回单联登记银行存款增加，而银行因尚未收妥，款项未入账。

（2）5月30日，北京科迪商贸有限公司开出转账支票支付深圳宏兴电器股份有限公司货款12 430元，并登记银行存款减少，由于持票人尚未办理转账手续，银行尚未支付，因此未登记存款减少。

（3）5月29日，银行计算北京科迪商贸有限公司存款利息512元，且已经登记存款增加，而北京科迪商贸有限公司因未接到收款通知，尚未记账。

（4）5月29日，银行代北京科迪商贸有限公司支付电话费1 860元，银行已登记存款减少，而北京科迪商贸有限公司因未接到付款通知，尚未记账。

5. 编制银行存款余额调节表

（1）将银行存款日记账余额与银行对账单余额填入银行存款余额调节表。

（2）将未达账项按类型填入银行存款余额调节表。

（3）按银行存款余额表中提示：企业银行存款日记账余额加上银行已收、企业未收的款项，再减去银行已付、企业未付的款项，得出以银行存款日记账为起始的调节后余额；银行对账单余额加上企业已收、银行未收的款项，再减去企业已付、银行未付的款项，得出以银行对账单余额为起始的调节后余额。

（4）对比双方调节后的余额，应相等。如果不相等，表明账面记录有误，需要进一步核对账目，查找原因并更正。

图 5-2-3 为北京科迪商贸有限公司编制的 5 月份基本户的银行存款余额调节表。

银行存款余额调节表

编制单位：北京科迪商贸有限公司　　2020　年　05　月　31　日　　单位：元

项目	金额	项目	金额
企业银行存款日记账余额	356,675.00	银行对账单余额	51,357.00
加：银行已收、企业未收的款项		加：企业已收、银行未收的款项	
1、	512.00	1、	316,400.00
2、		2、	
3、		3、	
减：银行已付、企业未付的款项		减：企业已付、银行未付的款项	
1、	1,860.00	1、	12,430.00
2、		2、	
3、		3、	
调节后余额	355,327.00	调节后余额	355,327.00

图 5-2-3　银行存款余额调节表

调节后的存款余额是企业的银行存款实有数，但并不是企业可实际动用的金额，出纳应核准账户余额再办理有关银行结算，避免开具空头支票。

小提示

银行存款余额调节表一般应该由会计进行编制，实际工作中，有些企业的银行存款余额调节表由出纳编制，但要由会计审核监督。

银行存款余额调节表只是用来核对账目，不能据此调整银行存款账面余额，不属于原始凭证。对于银行已经入账而企业未入账的未达账项，须在收到相关结算凭证后再进行账务处理。

任务三 结账

【情境导入】

北京科迪商贸有限公司在对库存现金和银行存款进行清查后，要对账簿上的财务信息进行总结，即结账。

结账是指会计期末将各账户余额结清或结转下期，使各账户记录暂告一个段落的会计工作。日记账的结账指的是在本期现金收、付款业务已全部登记入账并已对账的基础上，结出本期发生额合计和期末余额的计算总结，是进行会计核算的一个重要环节。本任务以日记账月结、年结为例介绍出纳工作的结账方法。

一、月结

1. 现金日记账月结方法

出纳已经将在本期内日常发生的现金收、付业务全部登记入账，月末结账时，在现金日记账的月末最后一笔记录的下面划通栏单红线，在下方分别结出本期借方和贷方的本月合计数及月末余额，日期栏填写本月最后一天即 5 月 31 日，“摘要”栏中注明“本月合计”字样，再在“本月合计”行下面划通栏单红线，以示本月结账，如图 5-3-1 所示。

库存现金日记账

2020 年		记账凭证		对方科目	摘要	借方										贷方										√	余额									
月	日	字	号			千	百	十	万	千	百	十	元	角	分	千	百	十	万	千	百	十	元	角	分		千	百	十	万	千	百	十	元	角	分
05	01				承前页						5	6	0	0	0						8	0	0	0	0						3	0	0	0	0	0
05	02	现付	02	其他应收款	张兰预借差旅费															1	5	0	0	0	0						1	5	0	0	0	0
05	07	现付	03	管理费用	支付办公用品费																5	0	0	0	0						1	0	0	0	0	0
05	08	银付	01	银行存款	提取备用金					5	0	0	0	0	0																6	0	0	0	0	0
05	10	现付	04	银行存款	款存银行															1	8	0	0	0	0						4	2	0	0	0	0
05	11	现收	02	其他应收款	收取王飞水电费						1	1	6	8	0																4	3	1	6	8	0
05	11	现付	05	其他应收款	赵刚借款																5	0	0	0	0						3	8	1	6	8	0
05	11	现付	06	其他应收款	张强预借差旅费															1	0	0	0	0	0						2	8	1	6	8	0
05	13	现付	07	管理费用	报销会议费															1	5	3	0	0	0						1	2	8	6	8	0
05	20	现收	03	待处理财产损溢	现金清查长款						1	5	0	0	0																1	4	3	6	8	0
05	31				本月合计					5	8	2	6	8	0					7	6	3	0	0	0						1	4	3	6	8	0
05	31				本年累计				2	3	5	1	6	0	0				2	5	4	0	0	0	0						1	4	3	6	8	0

图 5-3-1 现金日记账月结

小提示

结账前，必须将本期内发生的相关经济业务全部登记入账，不能将本期发生的经济业务延至下期入账，也不能为减少本期的工作量而提前结账，漏记的账项应及时补记，错账应及时按规定予以更正，保证本期的经济业务全部入账。

2. 银行存款日记账月结方法

出纳已经将在本期内日常发生的银行存款收、付业务全部登记入账，月末结账时，在银行存款日记账的月末最后一笔记录的下面划通栏单红线，在下方分别结出本期借方和贷方的本月合计数及月末余额，日期栏填写本月最后一天即 5 月 31 日，“摘要”栏中注明“本月合计”字样，再在“本月合计”行下面划通栏单红线，以示本月结账，如图 5-3-2 所示。

银行存款日记账

开户行：北京科迪商贸有限公司

账号：414107513132703××××

2020 年		记账凭证		对方科目	摘要	结算凭证		借方	贷方	借或贷	余额
月	日	字	号			种类	号码	千百十万千百十元角分	千百十万千百十元角分		千百十万千百十元角分
05	01				承前页					借	18000000
05	03	银收	01	应收账款	收回欠款	汇兑	12670269	1500000		借	19500000
05	05	银收	02	主营业务收入	销售货物	委托收款	357803	2034000		借	21534000
05	08	银付	01	库存现金	提取备用金	现金支票	94698377		500000	借	21034000
05	10	现付	04	库存现金	款存银行	现金缴款单		180000		借	21214000
05	12	银付	02	应付职工薪酬	支付工资	转账			6981480	借	14232520
05	13	银付	03	应交税费	缴纳税费	转账			2458520	借	11774000
05	17	银付	04	财务费用	支付手续费	转账			3500	借	11770500
05	17	银付	05	应付账款	支付货款	转账支票	6405115		5000000	借	6770500
05	17	银收	03	应收账款	收到货款	转账支票	65969539	3500000		借	10270500
05	18	银付	06	其他货币资金	签发银行本票	银行本票	16386724		5000000	借	5270500
05	29	银收	04	主营业务收入	销售货物	转账支票	53616870	31640000		借	36910500
05	30	银付	07	库存商品	购买货物	转账支票	6405116		1243000	借	35667500
05	31				本月合计			38854000	21186500	借	35667500
05	31				本年累计			1357300000	1038500000	借	35667500

图 5-3-2　银行存款日记账月结

现金日记账和银行存款日记账结账时，应将月末余额与本月发生额写在同一行内，在“摘要”栏注明“本月合计”字样。这样做，账户记录中的月初余额加减本期发生额等于月末余额，便于账户记录的稽核。

二、年结

年末，在日记账 12 月份“本月合计”的下一行进行年结。在“摘要”栏内注明“本年合计”或“本年发生额及余额”字样，并在合计数下方通栏划双红线，如图 5-3-3 所示。

银行存款日记账

开户行：北京科迪商贸有限公司

账号：414107513132703××××

2020 年		记账凭证		对方科目	摘要	结算凭证		借方（千百十万千百十元角分）	贷方（千百十万千百十元角分）	借或贷	余额（千百十万千百十元角分）
月	日	字	号			种类	号码				
05	01				承前页					借	18000000
05	03	银收	01	应收账款	收回欠款	汇兑	12670269	1500000		借	19500000
05	05	银收	02	主营业务收入	销售货物	委托收款	357803	2034000		借	21534000
05	08	银付	01	库存现金	提取备用金	现金支票	94698377		500000	借	21034000
05	10	现付	04	库存现金	款存银行	现金缴款单		180000		借	21214000
05	12	银付	02	应付职工薪酬	支付工资	转账			6981480	借	14232520
05	13	银付	03	应交税费	缴纳税费	转账			2458520	借	11774000
05	17	银付	04	财务费用	支付手续费	转账			3500	借	11770500
05	17	银付	05	应付账款	支付货款	转账支票	6405115		5000000	借	6770500
05	17	银收	03	应收账款	收到货款	转账支票	65969539	3500000		借	10270500
05	18	银付	06	其他货币资金	签发银行本票	银行本票	16386724		5000000	借	5270500
05	29	银收	04	主营业务收入	销售货物	转账支票	53616870	31640000		借	36910500
05	30	银付	07	库存商品	购买货物	转账支票	6405116		1243000	借	35667500
05	31				本月合计			38854000	21186500	借	35667500
05	31				本年累计			135730000	103850000	借	35667500
…	…				…						
12	31				本月合计			25367000	18922000	借	19866000
12	31				本年累计			335665300	200353200	借	19866000

图 5-3-3　银行存款日记账年结

知识点

根据规定，月结划单红线，年结划双红线，划线应划通栏线，不应只在本账页中的金额部分划线。结账划线的目的是突出本月合计数及月末余额，表示本会计期间的会计记录已经截止，并将本期与下期的记录明显分开。

年度终了时，对于有余额账户的，应把余额结算到下一会计年度，并在年结数下一行的“摘要”栏内注明“结转下年”字样，结转金额不再抄写。如果账页的“结转下年”行以下还有空行，应当自“余额”栏的右上角至日期栏的左下角用红笔划对角斜线注销，如图 5-3-4 所示。

银行存款日记账

开户行：北京科迪商贸有限公司
账号：414107513132703××××

2020年 月	日	记账凭证 字	号	对方科目	摘要	结算凭证 种类	号码	借方	贷方	借或贷	余额
05	01				承前页					借	1800000
05	03	银收	01	应收账款	收回欠款	汇兑	12670269	1500000		借	1950000
05	05	银收	02	主营业务收入	销售货物	委托收款	357803	2034000		借	21534000
05	08	银付	01	库存现金	提取备用金	现金支票	94698377		500000	借	21034000
05	10	现付	04	库存现金	款存银行	现金缴款单		180000		借	21214000
05	12	银付	02	应付职工薪酬	支付工资	转账			6981480	借	14232520
05	13	银付	03	应交税费	缴纳税费	转账			2458520	借	11774000
05	17	银付	04	财务费用	支付手续费	转账			3500	借	11770500
05	17	银付	05	应付账款	支付货款	转账支票	6405115		5000000	借	6770500
05	17	银收	03	应收账款	收到货款	转账支票	65969539	3500000		借	10270500
05	18	银付	06	其他货币资金	签发银行本票	银行本票	16386724		5000000	借	5270500
05	29	银收	04	主营业务收入	销售货物	转账支票	53616870	31640000		借	36910500
05	30	银付	07	库存商品	购买货物	转账支票	6405116		1243000	借	35667500
05	31				本月合计			38854000	21186500	借	35667500
05	31				本年累计			135730000	103850000	借	35667500
…	…				…						
12	31				本月合计			25367000	18922000	借	19866000
12	31				本年累计			335665300	200353200	借	19866000
					结转下年						

图 5-3-4　银行存款日记账结转下年

同时，在下一会计年度新账页第一行的“摘要”栏内注明“上年结转”字样，并把上年末余额数填写在“余额”栏内，如图 5-3-5 所示。

银行存款日记账

开户行：北京科迪商贸有限公司
账号：414107513132703××××

2021年 月	日	记账凭证 字	号	对方科目	摘要	结算凭证 种类	号码	借方	贷方	借或贷	余额
					上年结转						19866000

图 5-3-5　银行存款日记账上年结转

小提示

结转下年时，既不需要编制记账凭证，也不必将余额再记入本年账户的借方或贷方，使本年有余额的账户的余额如实反映在账户中，以免混淆有余额账户和无余额账户的区别。

任务四 编制资金报表

【情境导入】

北京科迪商贸有限公司领导要求出纳定期发送资金报表，以便及时掌握资金动态和结余情况。

资金报表可以反映本单位在一段时期内现金及银行存款的整体收付及余额情况，并以此向本单位的管理层提供整体的资金信息，在本单位的管理活动中必不可少。相对于流水账式的银行存款日记账和库存现金日记账，资金报表所反映的企业资金信息既直观又简洁。

出纳可根据本单位资金业务量的多少，编制资金日报表、周报表、月报表等。

一、资金报表的结构

资金报表属于单位内部报表，结构没有标准的模板，各单位可根据情况自行设定，如图 5-4-1 所示，一般包括以下几个要素。

1. 表头，包括报表名称、编制单位、期间和日期等项目。

2. 正表，包括收支项目/资金来源、资金使用合计、各开户银行存款、库存现金、备注等项目。

3. 表尾，包括复核人、制表人等项目，需要签字。

二、资金报表的编制方法

资金报表分别记录资金项目的收入、支出和结余情况。

计算公式为：本期资金结余=上期结余+本期收入合计-本期支出合计

本期收入合计等于现金、银行存款项目的增加，本期支出合计等于现金、银行存款的减少。一般企业会有很多存款账户，例如基本账户、一般账户等，这些账户基本上都

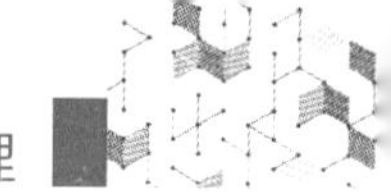

资金报表					
编制单位：			期间：	日期：	
收支项目/资金来源	资金使用合计	中国工商银行纳文路支行	中国银行纳文路支行	库存现金	备注
上月结余数					
收入项目					
销售收入					
银行贷款					
收到货款					
个人偿还借款					
其他收入					
本月收入合计					
支出项目					
支付维修费					
购买办公用品费					
支付货款					
报销差旅费					
其他支出					
本月支出合计					
本月资金结余					
复核人：				制表人：	

图 5-4-1　资金报表

不会选择同一家银行，因此编制资金报表时一定要细分到各银行账户。

编制完成的北京科迪商贸有限公司 2020 年 5 月资金报表如图 5-4-2 所示。

资金报表					
编制单位：北京科迪商贸有限公司			期间：2020.05	日期：2020.05.31	
收支项目/资金来源	资金使用合计	中国工商银行纳文路支行	中国银行纳文路支行	库存现金	备注
上月结余数	183240.00	180000.00		3240.00	
收入项目					
零星销售收入	560.00			560.00	
收回欠款	50000.00	50000.00			
销售收入	336740	336740.00			
现金存银行	1800.00	1800.00			
提取备用金	5000.00			5000.00	
收取王飞水电费	116.80			116.80	
银行贷款	100000.00		100000.00		
现金清查长款	150.00			150.00	
本月收入合计	494366.80	388540.00	100000.00	5826.80	
支出项目					
支付维修费	800.00			800.00	
张兰预借差旅费	1500.00			1500.00	
支付办公用品费	500.00			500.00	
银行提现	5000.00	5000.00			
银行结算手续费	35.00	35.00			
支付工资	69814.80	69814.80			
缴纳税费	24585.20	24585.20			
款存银行	1800.00			1800.00	
赵刚借款	500.00			500.00	
张强预借差旅费	1000.00			1000.00	
报销会议费	1530.00			1530.00	
签发银行本票	50000.00	50000.00			
支付货款	62430.00	62430.00			
本月支出合计	219495.00	211865.00		7630.00	
本月资金结余	458111.80	356675.00	100000.00	1436.80	
复核人：孙娟				制表人：钱小多	

图 5-4-2　2020 年 5 月资金报表

思考与练习

请根据北京科迪商贸有限公司的现金日记账和银行存款日记账（见图 5-3-1、图 5-3-2），在下图中编制 5 月 11 日至 5 月 17 日的资金报表。

资金报表

编制单位： 期间： 日期：

收支项目/资金来源	资金使用合计	中国工商银行纳文路支行	中国银行纳文路支行	库存现金	备注
上月结余数					
收入项目					
销售收入					
银行贷款					
收到货款					
个人偿还借款					
其他收入					
本月收入合计					
支出项目					
支付维修费					
购买办公用品费					
支付货款					
报销差旅费					
其他支出					
本月支出合计					
本月资金结余					

复核人： 制表人：

项目六
其他业务处理

学习目标

知识目标

1. 了解工资发放的形式和程序。
2. 认知出纳工作交接的相关内容。

能力目标

1. 能够独立办理工资发放和出纳交接业务。
2. 能够运用所学知识解决实际问题。

思维导图

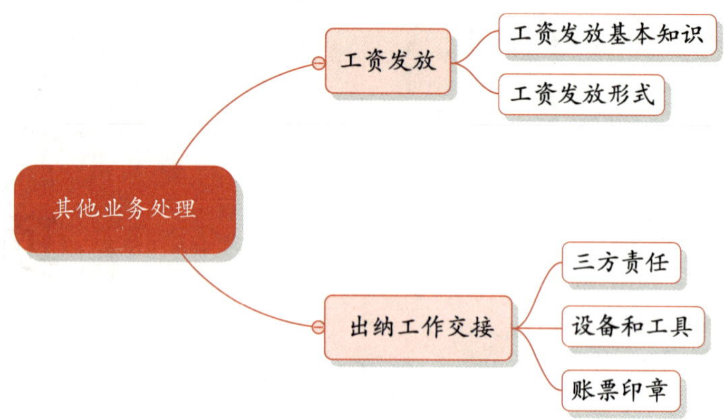

任务一　工资发放

【情境导入】

月末，出纳需要进行工资发放。

一、工资发放基本知识

为维护劳动者通过劳动获得劳动报酬的权利，规范用人单位的工资支付行为，《工资支付暂行规定》规定工资应当以法定货币支付，不得以实物及有价证券替代货币支付。

因劳动者本人原因给用人单位造成经济损失的，用人单位可按照劳动合同的约定要求其赔偿经济损失。经济损失的赔偿可从劳动者本人的工资中扣除，但每月扣除的部分不得超过劳动者当月工资的20%。若扣除后的剩余工资部分低于当地月最低工资标准，则按最低工资标准支付。

每个单位发放工资时间不同，财务部门应按制度计算并审核人事部门编制的工资表，确认工资表审批手续完备，按时做好工资发放工作。

二、工资发放形式

用人单位可使用现金发放工资，也可以委托银行代发工资。

1. 现金发放

（1）审核

财务部门收到人事部门编制的工资表，应计算并审核工资表的正确性，确认工资表审批手续完备。

知识点

人事部门负责单位薪酬管理制度制定、薪资标准调整、薪酬预算和工资奖金表编制与审核，并在规定时间节点前将已签字审批的工资表送交财务部门，财务部门负责工资、奖金的审核与发放。

（2）取现

出纳按实发工资数到开户行支取现金，以备发放工资。会计按现金支票存根联编制提现会计凭证，出纳登记现金日记账。

（3）发放

发放工资时，出纳与领款人在现场确认发放无误，并要求领款人在工资表上签名。

用人单位应将工资支付给劳动者本人。劳动者本人因故不能领取工资时，可由其亲属或委托他人代理。

（4）盖章、登账

工资发放完毕，出纳在工资表上加盖现金付讫章，同时将工资表交给会计编制发放工资会计凭证，出纳登记现金日记账。

2. 银行代发

银行代发是单位委托银行向本单位员工代发工资、奖金等收入的一项服务。单位委托银行代发工资时，一般需要与银行签订代发工资协议，签订协议后，工资会在每月按程序要求通过网上银行划转入账。

（1）签订协议

委托单位向银行提出申请，与银行签订委托代发工资协议，明确双方应负的责任，以及代发工资的时间、方式、方法、结算手续等有关事宜，按照现行银行实名制的要求提供职工姓名、身份证号码等相关代发清单资料，开户行根据清单办理批量开户手续。

（2）资金划拨

发放工资时，委托单位按照协议约定时间将代发工资资金足额划转到委托单位在开户行开立的指定账户，并向开户行提供代发工资明细清单。

北京科迪商贸有限公司5月10日编制的4月份工资结算表如图6-1-1所示。

工资结算表

2021 年 05 月 10 日　　　　单位：元

部门	姓名	基本工资	岗位津贴	奖金	交通补助	应扣工资		应付工资	代扣款项						实发工资
						请假扣款	缺勤扣款		养老保险（8%）	医疗保险（2%）	失业保险（0.2%）	住房公积金（7%）	个人所得税	合计	
总经理办	赵一迪	10,000.00						10,000.00	800.00	200.00	20.00	700.00	68.40	1,788.40	8,211.60
财务部	杨　秀	6,000.00						6,000.00	480.00	120.00	12.00	420.00		1,032.00	4968.00
财务部	孙　媚	5,000.00						5,000.00	400.00	100.00	10.00	350.00		860.00	4140.00
财务部	王　芳	4,500.00						4,500.00	360.00	90.00	9.00	315.00		774.00	3726.00
销售部	杜拉拉	6,000.00						6,000.00	480.00	120.00	12.00	420.00		1,032.00	4968.00
销售部	马　成	4,000.00	500.00	1,000.00	100.00			5,600.00	448.00	112.00	11.20	392.00		963.20	4636.80
销售部	张　强	4,000.00		1,200.00	100.00			5,300.00	424.00	106.00	10.60	371.00		911.60	4388.40
采购部	李　纳	5,800.00			100.00			5,900.00	472.00	118.00	11.80	413.00		1,014.80	4885.20
采购部	赵　刚	5,000.00	500.00		100.00			5,600.00	448.00	112.00	11.20	392.00		963.20	4636.80
仓储部	马　文	6,000.00						6,000.00	480.00	120.00	12.00	420.00		1,032.00	4968.00
仓储部	李　红	4,500.00						4,500.00	360.00	90.00	9.00	315.00		774.00	3726.00
仓储部	张　丽	4,000.00						4,000.00	320.00	80.00	8.00	280.00		688.00	3312.00
行政部	张　兰	6,500.00						6,500.00	520.00	130.00	13.00	455.00		1,118.00	5382.00
行政部	王　飞	4,500.00						4,500.00	360.00	90.00	9.00	315.00		774.00	3726.00
人事部	梁　宁	5,000.00						5,000.00	400.00	100.00	10.00	350.00		860.00	4140.00
合计		80,800.00	1,000.00	2,200.00	400.00			84,400.00	6,752.00	1,688.00	168.80	5,908.00	68.40	14,585.20	69,814.80

总经理：赵一迪　　财务主管：杨　秀　　审核：孙　媚　　制表：梁　宁

图6-1-1　4月份工资结算表

出纳审核无误后在开户行网上银行按要求上传工资表，具体操作见项目三任务九“网上银行结算”中网上银行代发代扣业务内容。

（3）履约入账

开户行收到委托单位提供的代发清单资料，应及时审核批复，按时将应发金额足额转入每位职工的储蓄账户。工资入账后，委托单位的职工即可自由办理取款业务。

（4）取回单、登账

开户行按照代发工资协议代发工资会收取一定的手续费，并出具收费凭证。出纳取回代发工资及手续费凭证交给会计，并根据审核无误的记账凭证登记银行存款日记账。

知识点

用人单位不得克扣劳动者工资。有下列情况之一的，用人单位可以代扣劳动者工资：

1. 用人单位代扣代缴的个人所得税。
2. 用人单位代扣代缴的应由劳动者个人负担的各项社会保险费用。
3. 法院判决、裁定中要求代扣的抚养费、赡养费。
4. 法律、法规规定可以从劳动者工资中扣除的其他费用。

任务二　出纳工作交接

【情境导入】

公司原出纳王芳因工作调动离职，将出纳工作交予钱小多，并办理交接手续。

一、三方责任

会计人员调动工作或者离职，必须与接管人员办理交接手续。没有办清手续的，不得调动或离职。一般会计人员办理交接手续，由会计机构负责人、会计主管人员监交。

出纳工作交接要按照会计人员交接的要求进行，涉及移交人、接交人、监交人三方当事人，三方责任如下。

1. 移交人的责任

移交人对移交的内容承担完整、完好、准确的责任。离岗后，对原单位需要协助的事情，移交人应履行协助义务。同时，移交人应在出纳工作交接书及其附件上签名。

2. 接交人的责任

接交人对所接收的内容承担完整、完好、准确的责任，掌握相关证卡、设备、用具等物件的密码、使用和调整方案，能够正确进行实际操作。

3. 监交人的责任

监交人应始终与移交人和接交人同在交接现场，根据出纳工作交接书上的内容，逐项进行核验，见证交接过程和交接内容，在出纳工作交接书及其附件上签名，并将所持有的出纳工作交接书按规定移交归档。

监交人在交接过程中对所交接的内容、事项是否真实、完整起到核验的作用。

知识点

出纳工作交接的原因存在以下几种情况：

1. 出纳辞职或离开单位。
2. 单位内部工作变动，不再担任出纳职务。
3. 出纳岗位内部重新分工。
4. 出纳因病、事假或临时调动，不能继续从事出纳工作。
5. 出纳因特殊情况停职审查等，按规定不宜继续从事出纳工作。

2020 年 5 月 7 日，北京科迪商贸有限公司原出纳将出纳工作交予新出纳，出纳工作交接书如图 6-2-1 所示。

知识点

如何处理出纳工作交接书？

由于是委派人员让监交人负责监交，所以交接结束后，监交人需要将交接事项报告给委派人员，委派人员会告知监交人将出纳工作交接书交到单位会计档案保管部门负责保管，如果单位规模比较小，没有设置会计档案保管部门，可以由相应的部门专门负责保管。移交人和接交人各自保存一份出纳工作交接书。

出纳工作交接书

因原出纳王芳工作调动，财务处已决定将出纳工作移交给钱小多接管。现办理以下交接：

（一）交接日期

2020 年 5 月 7 日

（二）具体业务的移交

1. 库存现金：5 月 7 日账面余额为￥1 000.00，实存相符。

2. 银行存款账面余额为￥215 340.00，经编制银行存款余额调节表后，银行存款余额为￥215 340.00，以上核对相符。

（三）移交的会计凭证、账簿、文件及其他

1. 本年度现金日记账 1 本。

2. 本年度银行存款日记账 1 本。

3. 空白中国工商银行现金支票 6 张（94698377 号至 94698382 号）。

4. 空白中国工商银行转账支票 3 张（64051115 号至 64051117 号）。

5. 空白中国工商银行电汇凭证 8 张（79960384 号至 79960391 号）。

6. 作废电汇、现金支票、转账支票后附明细 1 份。

7. 托收承付登记簿 1 本。

8. 统一发票领购簿 1 本。

9. 收据 3 本。

10. 银行对账单 1 本。

11. U 盘 1 个。

12. 财务处大门钥匙 1 把、保险柜钥匙 1 把、保险箱钥匙 1 把、抽屉钥匙 1 把、桌柜钥匙 1 把、文件柜钥匙 1 套（E1～E4、F1～F4）。

（四）印鉴

1. 北京科迪商贸有限公司财务处转讫印章 1 枚。

2. 北京科迪商贸有限公司财务处现金收讫印章 1 枚。

3. 北京科迪商贸有限公司财务处现金付讫印章 1 枚。

（五）交接后工作的划分

2020 年 5 月 8 日起的出纳工作由钱小多负责。

以上移交事项均经交接双方认定无误。

本交接书一式三份，双方各执一份，存档一份。

移交人：王芳 王芳

接交人：钱小多 钱小多

监交人：杨秀 杨秀

北京科迪商贸有限公司财务处

2020 年 5 月 7 日

图 6-2-1　出纳工作交接书

二、设备和工具

在日常工作中，出纳用到的设备和工具主要包括：计算机和操作密码（因为财务数据是保密的，所以出纳的计算机需要设置密码）、票据打印机（如发票打印机、支票打印机等）、点钞机、保险柜钥匙和密码、凭证装订机、计算器、银行开户许可证（企业开立基本存款账户之后，银行会核发银行开户许可证，开立一般、专用、临时存款账户都需要基本存款账户的开户许可证）、银行支付密码器、电子回单柜 IC 卡。

客户持有效身份证件可以到银行柜台开通电子回单箱服务，并使用专属回单箱办理各种自助账户服务，如进账单、利息回单、电汇回单等丢失后都可以进行补打印。电子回单箱服务方便客户及时提取回单，免去了排队等候时间，同时提高了客户查询账户信息的自动化水平，提高了账户管理效率。

如果单位规模比较小，出纳可能还需要承担会计方面的工作，所以还需要了解税务交接的内容。税务交接的设备和工具一般包括开票系统安装盘及说明书、操作密码、税控盘、报税盘。

三、账票印章

1. 交接的凭证及票据

交接的凭证及票据包括现金日记账、银行存款日记账、支票领用登记簿、发票、发票领购簿、发票登记簿、收据、转账支票、现金支票、电汇凭证。

以上交接的内容应该逐项核对，保证账实相符。比如现金和现金日记账核对、银行存款日记账和银行对账单核对、发票和发票登记簿核对、收据和收据登记簿核对、支票和支票登记簿核对。电汇凭证有的放在电汇登记簿，有的放在支票登记簿，应与电汇登记簿或支票登记簿核对。在实际经营中，有些单位把收据和发票放在一本登记簿上进行登记，前面是发票，后面是收据。

2. 交接的印章

交接的印章包括银行收付讫章、银行账号章、发票章、现金收付讫章，以及印台、印油、印章垫等。

思考与练习

按照本章节出纳工作交接的学习内容，分组讨论以下情境：2020 年 6 月 20 日，郑州锐制阀门制造有限公司原出纳杨琪调动工作，财务处已决定将出纳工作移交给王军接管。请从出纳工作交接日期、程序、具体业务等方面讨论、陈述交接工作的内容。